수의사는 고양이를 이렇게 키운다

프롤로그

여러분은 고양이의 옛 이름이 '괴'라는 걸 알고 있으신가요? 괴는 털의 색깔에 따라 거믄괴(검은 고양이), 센괴(흰 고양이), 잿괴(회색 고양이), 어룽괴(삼색 고양이), 금괴(치즈색 고양이)로 나뉘어 불렸다고 해요. 소의 새끼인 송아지와 개의 새끼인 강아지처럼 괴의 새끼는 괴양이라고 했는데요. 이 말이 굳어져서 어리거나 다 자란 괴도 '고양이'라고 부르게 되었다고 합니다. 고양이는 다 자라도 아기니까요, 맞죠?

나와 인연이 되어 같이 살게 된 고양이들을 어떻게 키우면 좋을까, 어떻게 하면 편안하고 행복한 고양이 생을 보내게 할 수 있을까 등 집사님들이 고민이 많으시죠? 고양이는 고양이만의 라이프스타일이 있다고 하지만, 각각의 차이점도 분명 존재하니까요.

어려서부터 저의 집에는 항상 고양이가 있었어요. 그때는 아주 예전이라 고양이는 쥐를 쫓기 위해 마당 한구석 창고를 들락거리고, 마당의 흙을 화장실로 쓰며, 고양이에게는 사람이 먹고 남은 걸 비벼서 먹이던 시절이었어요. 고양이는 모든 생활을 알아서 처리하고, 종종 내 옆에 와서 놀아 주기도 하는 집안의 손님 같은 존재였죠. 그런데 웬걸, 제가 어른이 된 후 집에 데려와서 같이 살게 된 고양이는 몸이 약해서 보살펴 줘야 하고 본인의 개성이 뚜렷한 동물이더라고요. 그때 아직 수의사가 아니었기 때문에 고양이가 중성화 수술을 할 때 저는 수술실 밖에서 울면서 기다리기도 하고, 고양이 변이 좀 물러지면 들고 동물병원으로 뛰곤 했어요. 고양이가 내는 각각의 울음소리의 의미를 알아듣지 못하고, 이해할 수 없는 행동으로 고민하기도 하고, 고양이의 생활과 내 생활의 영역을 구분하지 못해 어려워하던 시절이 저에게도 있었어요.

이 책은 그때의 고민들을 뒤돌아보며, 고양이 생애의 여러 단계마다 집사님들이 부딪히게 되는 질문들을 해결하기 위해 쓰게 되었습니다. 많은 반려 고양이를 만나고 또 떠나보낸 저의 개인적인 경험과 수의사로서의 지식이 합쳐져서 여러분께 도움이 되었으면 좋겠습니다.

여러분, 고양이는 어이없게 약한 존재이기도 하고, 의외로 강인한 존재이기도 합니다. 나와 같이 사는 동안, 무조건 고양이의 욕구만 따르는 것이 아니고 서로 지켜야 하는 선도 있다는 사실을 기억해 주세요. 고양이는 비록 겉으로 아는 티를 내지 않더라도 집사인 여러분의 기분과 감정을 섬세하게 느끼고 유심히 관찰하는 동물이랍니다. 집사의 불안함과 반응, 바디랭귀지가 고양이에게 많은 영향을 준다는 뜻이지요. 그 신호들을 인간과 다른 방식으로 해석해서 우리가 이해하지 못하는 방식으로 반응한다는 점이 집사들을 혼란스럽게 만드는 지점이지만 말입니다.

사랑하는 존재를 망가뜨릴까 봐 항상 고심하는, 수많은 로키, 레이, 빠다, 쭈나, 키키, 뽀니, 초코, 까미, 슈리의 보호자님들께 드리고 싶어 이 글을 씁니다.

— 고양이를 사랑하는 수의사 이나영

목차

프롤로그   2

INTRO — 고양이는 어떤 동물인가?

01 고양이에 대해 알아보자
고양이의 특징과 성격 유형   13
고양이에게 반드시 필요한 5가지 환경 요건   18
실내 고양이를 행복하게 지내도록 만드는 10가지 방법   23
고양이 사회화 교육: 반드시 필요한 습관 만들기   29
행복한 다묘 가정이 되려면   31

02 나에게 맞는 고양이를 찾아보자
고양이의 품종   34

PART 1 입양 준비하기

01 어디에서 데려오면 되지?
반려묘 입양처   40

02 반려묘를 키우기 전에 체크해야 할 것
보호자의 주거 환경   44
보호자의 고양이 알레르기 유무   44
고양이의 털 빠짐과 집 안 사막화에 대처   45

03 반려묘를 데려오기 전에 준비할 것
처음 고양이를 키우는 경우   48
집에 이미 다른 반려묘가 있는 경우   50
집에 강아지가 있는 경우   54

＊수의사의 에세이 〈고양이 입양 준비〉   56

PART 2 육아 시작하기

Chapter 1
적응기_집에 데려와서 2주 내외의 기간

01 새로운 집에 적응하기
- 보호자가 알아 두어야 할 것 … 63
- 고양이 인공 포유 … 67

02 적응기에 시작해야 하는 사회화 교육
- 놀이 교육 … 70
- 이름 교육 … 71
- 이동장 교육(1단계) … 71

03 적응기에 자주 보이는 질환 및 대처법
- 적응기에 흔히 나타나는 질환 … 72
- 4개월 미만의 고양이가 주의해야 하는 전염성 질환 … 75

 * 수의사의 에세이 <입양 후 2주 내외의 고양이> … 78

Chapter 2
예방접종 시기_8주~24주 사이

01 예방접종하기
- 동물병원에 데려가기 … 82
- 일반적인 예방접종 스케줄 … 84
- 보호자가 알면 좋은 예방접종 지식 … 87

02 8주~24주에 해야 하는 기본 교육

이동장 교육(2단계)	89
핸들링 교육	90
발톱 정리 교육	91
치아 관리 교육	92
올바른 놀이 교육	93

03 고양이 사회화

고양이의 사회성이란 무엇일까?	95
보호자와의 신뢰 쌓기	96
사회화 교육의 중요성	97

04 사람과 소통하는 법

이름 부르기 교육	99
부탁하기 교육	100
고양이의 울음소리와 바디랭귀지 이해하기	101
고양이의 성격과 개성 파악하기	104

05 예방접종 시기에 자주 보이는 질환 및 대처법

바이러스성 질환	105
피부 질환	105
치아가 빠짐	106
* 수의사의 에세이 <8주~24주 고양이>	107

Chapter 3
청소년기(사춘기)_6개월~11개월 사이

01 청소년기
고양이의 성격 유형	112
고양이의 사춘기는 반항기일까?	114
반드시 해결해 주어야 하는 고양이의 문제 행동	115
문제 행동이 아니지만 보호자가 불편한 행동	120
지속적인 사회화 교육의 중요성	124

02 중성화 시기
중성화 수술	126

03 청소년기 고양이의 위생 관리
목욕	131
발톱 관리	132
치아 관리	133
* 수의사의 에세이 <청소년기 고양이>	134

Chapter 4
성년기_1살~7살까지

01 성년기
성년기에 나타날 수 있는 행동의 변화 및 대처법	137
성년기 고양이의 위생 관리	138
성년기 고양이의 일반적인 건강 상태 체크 방법	139
성년기 고양이의 동물병원 방문	145

02 **성년기에 자주 보이는 질환 및 대처법**

선천적 유전성 질환 148
하부 요로기 질환 150
탈모 질환 155
치과 질환 156
지방간증 158
턱 여드름 159
중독 증상 159
이물 섭취 161

* 수의사의 에세이 〈성년기 고양이〉 162

Chapter 5

장년기_7살~10살까지

01 **장년기**
각종 성인병 및 질환에 대비해야 하는 시기 168

02 **장년기에 자주 보이는 질환 및 대처법**
신부전(신장병) 171
췌장염 174
당뇨병 176
갑상선기능항진증 177
각종 종양 178

03 **장년기 고양이를 위한 건강검진**
건강검진 필수 항목 182

* 수의사의 에세이 〈장년기 고양이〉 186

Chapter 6

노년기_10살부터~

01 노년기
노년기 고양이가 보이는 행동의 변화 190

02 노년기에 신경 써야 하는 변화 및 관리
노년기 고양이를 위해 바꿔 주어야 할 것 192
노년기 고양이에게 중요한 건강관리 193

* 수의사의 에세이 〈노년기 고양이〉 195

PART 3
이별 준비하기

01 이별 준비하기
이별을 위한 준비 201
반려묘의 장례 절차 203
다묘 가정에서 남은 고양이들을 위해 해야 할 일 204

02 펫로스 증후군
펫로스 증후군이란? 206
펫로스 증후군 극복하기 206

* 수의사의 에세이 〈고양이와의 이별〉 209

고양이는 어떤 동물인가?

01
고양이에 대해 알아보자

　고양이는 인간이 가축화하여 가까이 두고 있는 동물 중에 가장 유전적인 변형을 가하지 않은 동물종입니다. 인간은 동식물을 자원화하여 동물에게서 필요한 자원이나 노동력을 최대한 얻어낼 수 있도록 품종을 개량해 왔고, 우리가 현재 익숙하게 보게 되는 가축이나 농작물은 자연에 원래 존재했던 원형의 모습에서 이미 많이 변형되어 있습니다. 고양이와 더불어 사람 옆에 가장 가까이 살고 있는 개도 품종 개량을 통해 많이 변형된 모습을 가지고 있습니다. 하지만 고양이는 본인의 행동 양식 그 자체로 인간에게 도움이 되었으므로 어떠한 훈련이나 변형이 필요하지 않았습니다.

　고양이가 사람 가까이에 온 시기는 농경시대가 시작된 이후라고 알려져 있습니다. 농경사회가 되어 수확기에 1년 치의 식량을 거둬들이게 되면서 수렵 채집 시기에는 없었던 식량 보관 창고가 생겼고, 이것은 필연적으로 쥐를 끌어들이게 되었습니다. 그리고 그 쥐를 사냥하는 고양이도 인간 사회에 접근하게 되었죠. 즉, 사람이 필요에 의해 고양이를 데려온 것이 아니고 고양이가 자신의 먹잇감을 찾아 인간과 가까이에 사는 것을 선택한 것입니다. 고양이는 몸이 작고 가벼우며, 쥐나 작은 새를 사냥하기 위해 조용히 움직이고, 자신의 체취와 배설물 냄새를 감추려는 본능이 있었습니다. 인간의 입장에서는 고양이가 성가신 쥐를 잡아먹는데 조용하고 깨끗하기까지 하니까 곁에 두기에 손이 가지 않는 쓸모 있는 동물이었죠. 다른 가축들과는 달리, 고양이는 인간의 목적을 위해 무언가를 바꿀 필요도 없이 그 자체의 생활 방식을 지키는 것만으로 충분했던 것입니다.

🐾 고양이의 특징과 성격 유형

•• 고양이의 특징 ••

▶ **포식자인 동시에 사냥감이다.**

고양이는 자연계에서 하위 포식자입니다. 자기보다 작은 동물을 사냥하고, 자기보다 큰 동물에게 사냥감이 됩니다. 즉, 고양이는 항상 천적을 경계하면서 생존을 위한 사냥도 해야 한다는 뜻입니다. 고양이의 이런 생존 본능은 고양이의 성격 중 많은 부분을 설명해 줍니다.

▶ **육식동물이다.**

고양이는 육식동물로서 양질의 단백질과 지방이 풍부한 식사를 필요로 하며, 탄수화물 소화 능력이 떨어지는 편입니다. 공복 때 위의 크기는 골프공 정도의 크기이며, 한 번에 먹을 수 있는 양이 많지 않기 때문에 하루에 걸쳐서 10~20회 정도 나누어 먹습니다. 고양이들이 사냥하는 동물의 크기를 생각해 보면 한 번에 먹는 양을 짐작할 수 있습니다.

▶ **단독 사냥을 한다.**

고양이의 사냥법은 먹이가 되는 작은 동물이 다니는 길목에서 조용히 기다리고 있다가 습격하는 스타일입니다. 사냥할 때는 단독으로 움직이기 때문에 다치지 않도록 몸을 잘 유지해야 합니다. 깨어 있는 시간의 80%를 사냥에 사용하고, 하루 중 긴 시간을 잠으로 보냅니다. 그래서 사료 먹는 방식을 가급적 사냥과 유사하게 만들어 주어야 고양이가 생활에 활력을 유지할 수 있습니다. 사료가 항상 밥그릇에 담겨 있으면 편안할지는 모르지만 권태로움에 빠지게 됩니다. 사냥과 유사하게 만들기 위해 고양이가 배고픔을 느낄 때 낚싯대를 맹렬히 쫓아다니게 한 후 사료를 먹게 하는 것이 좋습니다. 푸드 퍼즐을 이용해서 꺼내기 힘든 곳에 있는 사료를 애써 꺼내 먹게 함으로써 고양이에게 성취감을 줄 수도 있습니다.

▶ **영역을 가진다.**

고양이는 익숙한 영역에 머무르는 동물입니다. 이 점은 영역 내의 먹잇감, 안전한 공간과도 관련이 있습니다. 생활 자원의 확보를 위해 영역 내 다른 고양이가 들어오면 싸움이 일어납니다. 만약 동일한 크기의 영역 안에 먹잇감이 더 많다면, 더 많은 수의 고양이들이 그 공간 안에서 공존합니다. 즉, 고양이에게는 영역의 크기보다 영역 안에 있는 자원의 양이 더 중요합니다.

▶ **냄새에 매우 민감하다.**

고양이의 후각은 개보다는 덜하지만, 사람보다는 훨씬 뛰어납니다. 고양이는 주로 영역 표시 마킹을 감별하는 용도로 후각을 사용합니다. 마킹은 대개 소변을 이용한 스프레이로 하지만, 스크래칭으로 발가락 사이 분비샘 냄새도 사용하고, 얼굴을 문질러 입 주변의 페로몬을 묻혀 두기도 합니다. 그래서 고양이에게 냄새는 사회관계의 기본이자 기억입니다. 집고양이도 이런 습성을 지니고 있으므로 집 안에서 자기 냄새가 나는 영역이나 냄새를 묻혀 두는 장소가 중요한 의미를 가집니다.

고양이의 털은 냄새의 도서관이자 기억 창고입니다. 고양이 몸에 남아 있는 냄새가 강할수록 최근의 기억인 셈입니다. 고양이는 사람과의 관계에서도 그 사람의 체취가 자기 몸에 강하게 섞여 있을수록 친밀하다고 판단합니다. 따라서 이사를 하거나 목욕을 시키면 고양이들 간의 서열이나 관계가 변화되는 것을 볼 수 있습니다.

▶ **위험이 닥쳤을 때 싸우기보다는 가능하면 달아난다.**

우리는 고양이가 위험에 처하면 주로 사납게 공격한다고 생각하지만, 고양이는 일단 몸을 피하는 선택을 먼저 합니다. 도저히 피할 수 없다고 판단될 때는 으르렁거리는 소리와 표정, 부풀린 꼬리로 위협을 해서 쫓아 버리고자 합니다. 이것도 통하지 않으면 육탄전에 돌입합니다.

▶ **나름의 사회적 관계를 가진다.**

고양이가 단독 사냥을 한다고 해서 항상 혼자서 지내는 동물인 것은 아닙니다. 고양이의 사회적 구조는 어미 고양이와 새끼 고양이들을 중심으로 모계사회를 이룹니다. 영역 내의 식량 자원과 공간 자원이 풍부할수록 고양이 집단의 크기는 커집니다. 수컷 고양이는 사춘기가 지나면 집단을 떠나지만, 암컷 고양이들은 남아서 공동 육아를 하기도 합니다. 어미 고양이가 사냥을 나갈 때 이모 고양이가 새끼 고양이들을 돌봐 줍니다. 식량 자원이 부족하면 집단은 흩어지고 각각 떨어져 살게 됩니다.

▶ **생후 3개월 이전에 경험한 기억의 영향을 강하게 받는다.**

고양이 생의 방향은 생후 3~9주 사이에 결정됩니다. 물론 이후 경험으로 더 많은 것을 익히고 배우지만, 사람이나 다른 종의 동물에 대한 반응성이나 기질은 이때 결정되어 바뀌지 않습니다. 새끼 고양이들을 생후 3주령, 8주령, 12주령의 그룹으로 나눈 후 하루 15분씩 핸들링을 시작하는 시기를 각각 다르게 하여 반응성을 보는 실험을 진행했는데, 핸들링을 시작한 시기가 늦을수록 사람 품에 머무는 시간이 짧아지는 것으로 나타났습니다. 사람 손을 타는 시기가 **빠를수록** 사람에 대한 친밀도가 높아지고, 접촉을 즐기게 된다는 뜻입니다. 어린 시절에 다양한 동물에게 노출되면, 이후에도 다른 동물들과 친근하게 지내게 됩니다. 고양이에게 있어서 이런 교육이 가능한 시기는 아주 이르고 짧기 때문에 조기 교육이 중요합니다.

고양이는 뛰어난 관찰자입니다. 어미 고양이에게서 사냥 기술과 생존 기술을 배우는데, 어미 고양이는 새끼 고양이들을 데리고 다니면서 필요한 기술들을 시연해서 보여 주고 새끼 고양이들은 이를 유심히 관찰하며 따라 하는 방식으로 교육을 받습니다. 그래서 고양이들은 의외로 보호자로부터 받는 상호 관계에 대한 교육을 즐기는 편입니다. 보호자의 행동을 관찰해서 눈여겨봐 뒀다가 문을 연다든가 사람용 정수기를 사용한다든가 하는 모습을 보여 줍니다.

•• 고양이의 성격 유형 ••

고양이의 성격 유형은 크게 5가지로 나눌 수 있습니다. 고양이는 1가지 유형에만 들어가는 것이 아니고, 2~3가지 유형에 걸쳐 있는 경우가 많습니다. 각각의 성격 유형에는 채워 주어야 하는 중심 욕구가 있어서 이 욕구가 채워지지 않으면 문제 행동이 나타날 수 있습니다. 그러니 우리 고양이는 어떤 성격 유형에 속하는지 미리 간략하게 파악해 둡시다.

▶ **(1) 사교적인 유형**

이 유형의 고양이는 모든 보호자들의 로망으로, 사람과 고양이에게 모두 친화적이고 낯선 공간을 탐색하는 것을 즐기며 활동적입니다.

▶ **(2) 고양이만 좋아하는 유형**

고양이들 간의 사회성이 아주 좋은 유형으로, 사람에게는 거리를 두는 편입니다. 낯선 사람에 대한 거부감이 심하지만, 고양이와 상호작용 하는 것을 좋아합니다.

▶ **(3) 신경질적인 유형**

혼자 있는 것을 좋아하는 유형으로, 다른 고양이와 같이 지내기 어려워하며 공격성을 보이는 경우도 있습니다. 매우 예민하고 작은 소리에도 민감하게 반응하며, 걱정과 두려움이 많습니다.

▶ **(4) 사냥꾼 유형**

거의 모든 에너지와 관심사가 사냥감을 쫓는 것에 몰려 있는 유형으로, 야간에 놀이히는 것을 좋아합니다. 활동량이 많고, 사람에게 무심한 면도 있습니다.

▲ 사냥꾼 유형 고양이　　▲ 사냥 놀이 중인 새끼 고양이

▶ (5) 호기심이 가득한 유형

궁금한 것을 참지 못하는 성격으로, 충동적인 면이 있습니다. 궁금증을 해결하기 위해서라면 망설임 없이 움직입니다.

🐾 고양이에게 반드시 필요한 5가지 환경 요건

고양이의 삶에 중요한 5가지 필수 요소인 '음식, 물, 화장실, 잠자리, 영역'에 대해 자세히 알아보겠습니다.

▶ (1) 음식: 고양이는 어떻게 먹는 것을 좋아하는가?

야생에서 고양이는 사냥감이 다니는 경로를 알아낸 후 매복하여 기다리다가 빠르게 사냥감을 낚아채서 껍질을 찢고 부드러운 살을 먹는 방식으로 음식을 먹습니다. 이 사냥 본능을 채워 주는 방식으로 먹이를 주면 욕구 불만에 빠지는 것을 막아 줄 수 있습니다. 특히 사냥꾼 유형의 고양이에게는 이 방식이 더욱 필요합니다.

고양이가 사료를 조금 먹고 남기는 경우가 많다 보니, 많은 보호자들이 사료를 항상 담아 두는 자율배식 형태를 선호합니다. 고양이는 미각이 그리 섬세하지 않아서 냄새에 의존하여 사료를 먹는데, 공기 중에 노출된 사료는 금방 맛있는 냄새가 날아가서 그 사료가 맛없게 느껴집니다. 하루에 여러 번 나누어 먹는 고양이 특성상 보호자가 집에 있는 시간이 길다면 자주 소량씩 급여하는 것이 좋고, 자동 급식기로 자주 배식하는 것도 좋은 방법입니다. 집에 고양이가 2마리 이상인 경우 자동 급식기가 여러 대 있으면 좋습니다. 하지만, 어린 고양이에게는 제한 급식을 추천합니다. 배고픔을 느끼고 그 욕구를 해소할 수 있는 자원이 보호자에게서 나온다는 사실을 배우게 될 때 보호자에 대한 신뢰가 더욱 깊어지고, 사회화 교육의 효과도 좋아집니다.

자연계의 고양이는 실제 사냥 성공률이 낮은 편입니다. 그러다 보니 집에서 매번 사료를 듬뿍 먹게 되면 쉽게 비만이 됩니다. 고양이의 체구와 체중에 맞는 하루 급여량을 측정하여, 하루에는 그 양만 먹도록 조절해 주어야 합니다. 하루 급여량을 뚜껑 있는 그릇에 덜어 놓은 후 하루에 여러 번 나누어 먹이는 것이 좋으며, 그 양을 다 먹으면 사료를 더 달라고 보호자를 졸라도 주지 않도록 합니다. 잠잘 시간까지 많이 남았는데 그날의 할당량을 다 먹어버렸다면, 사료 10~15알 정도를 간식 주듯이 조금씩 나누어 먹입니다.

▶ **(2) 물: 어떤 물을 원하는가?**

사막성 동물인 고양이는 물이 흔치 않은 환경에서 발생해서 사냥감의 체액으로 수분을 많이 충당했습니다. 습식 사료가 주식인 고양이라면 기본적으로 수분 필요량을 상당 부분 채울 수 있지만, 건식 사료가 주식인 고양이는 체중 1kg당 40ml 정도의 물을 필요로 합니다. 고양이는 물에 워낙 까다로워서 보호자가 신경을 많이 써야 합니다.

고양이는 사료 그릇과 가까이 있는 물을 좋아하지 않습니다. 자연에서 사냥감 가까이에 있는 물은 사체의 부패나 흘러나온 혈액으로 인해 오염의 위험도가 높기 때문에 피하는 경향이 있다고 추측됩니다. 따라서 물그릇은 가급적 밥그릇과 먼 곳에 둡니다. 그렇다고 물그릇을 고양이 화장실 가까이에 두어서도 안 되기 때문에 '밥그릇-물그릇-고양이 화장실'의 위치는 집 안에서 삼각형을 이루게 됩니다.

고양이가 선호하는 물그릇의 재질은 유리(혹은 사기)-스텐-플라스틱 순입니다. 고양이는 물을 먹을 때 수염이 물그릇에 닿는 것을 좋아하지 않으므로, 물그릇은 수염의 직경보다 넓은 것이 좋습니다.

물이 담겨 나오는 형태는 고양이마다 선호하는 취향이 다릅니다. 흘러나오는 물을 직접 받아 먹는 타입, 흘러내리는 물을 핥아 먹는 타입, 찰랑거리는 물을 좋아하는 타입, 담겨 있는 물을 마시는 타입 등 다양합니다. 이런 다양한 형태의 자동 급수기가 나와 있으니, 다양하게 시도하여 우리 고양이가 좋아하는 형태를 찾아 주도록 합시다. 급수통이나 물그릇에 오래 담겨 있거나, 공기 중에 몇 시간 노출된 물은 신선하지 않아 거부하는 경우가 많으니, 자주 갈아 주어야 합니다. 급수기의 물은 하루 1번은 꼭 전체 교체해 주고, 필터 관리를 신경 써 주세요.

▲ 고양이가 좋아하는 물
: 넓은 물그릇에 담긴 물

▲ 고양이가 좋아하는 물
: 신선한 냇가의 물

▲ 고양이가 좋아하는 물
: 흐르는 물

▶ **(3) 화장실: 어떤 화장실 환경을 원하는가?**

야생에서 넓은 영역에 사는 고양이는 잘 스며드는 흙에 대소변을 보고 흙으로 덮어 버립니다. 그러면 그 변을 다시 볼 일이 없습니다. 만약 다른 고양이의 배설물 냄새가 나면 그 장소를 피해서 용변을 보면 됩니다. 그런데 우리가 집에서 제공하는 고양이 화장실은 어떤가요? 아마도 고양이 마음에 쏙 드는 형태는 아닐 거예요. 그래도 하는 수 없이 말썽부리지 않고 사용해 주는 고양이들이 고맙고 기특합니다.

이상적인 고양이 화장실은 가급적 야생의 조건을 맞춰 주는 것입니다. 먼저 화장실용 리터박스가 넓을수록 좋습니다. 고양이의 꼬리나 엉덩이가 화장실 벽에 닿지 않도록 고양이 몸길이의 1.5배 길이가 확보되어야 합니다. 용변을 본 후 충분히 파서 묻을 수 있도록 모래의 깊이는 3cm 이상 되어야 합니다. 뚜껑이 있거나 동굴형으로 된 화장실은 환기가 되지 않아 선호하지 않습니다. 고양이는 용변을 볼 때 적들에게 취약해지므로, 방해받지 않고 조용한 환경에 화장실이 있어야 합니다. 집이 1층이라면 낮은 창 가까이에 두지 않는 것이 좋고, 사람이 드나드는 길목이나 외부의 소리가 크게 들리는 문 입구 쪽도 피하는 것이 좋습니다.

화장실은 적어도 하루에 2번 치워 주는 것이 좋으며, 예민한 고양이의 경우 화장실에 용변이 하나라도 남아 있으면 사용하지 않으려고 하기도 합니다. 보통 고양이들은 개인 화장실을 좋아하기 때문에 고양이 화장실의 개수는 '고양이의 수+1'이 이상적이고, 최소한 고양이의 수만큼은 화장실이 있는 것이 좋습니다. 다만, 어릴 때부터 같이 자란 고양이들은 한 개의 화장실을 공유하는 데 큰 무리가 없는 경우도 있습니다.

대부분의 고양이는 화장실이 이상적인 조건이 아니더라도, 하는 수 없이 참고 사용해 줍니다. 그러나 기질이 예민하고 불안감이 높은 고양이는 화장실의 조건에 따라 방광염에 걸리기도 합니다. 우리 고양이의 삶의 질을 높여 주고 싶다면, 사람이 관리하기 편리한 화장실보다는 고양이를 위주로 생각해 주어야 합니다.

▶ **(4) 잠자리: 어느 곳에서 자는 것을 좋아하는가?**

고양이는 잠잘 때도 안전을 고려해야 합니다. 고양이가 박스를 좋아하는 이유는 사방이 막힌 공간에서 밖을 응시할 수 있어서입니다. 은신이 가능한 낮고 몸에 딱 맞는 공간, 즉 숨숨집이 필요합니다. 또한, 고양이는 높은 곳에서 내려다볼 때 공간 전체를 컨트롤하는 느낌을 가집니다. 이런 컨트롤 감각은 고양이의 안정감에 많은 영향을 줍니다. 따라서 고양이에게는 높은 곳에서 쉴 수 있는 자리가 필요합니다. 보호자에게 붙어서 자고 싶어 하는 고양이도 있고, 보호자가 잘 보이면서 약간 떨어진 자리를 선호하는 고양이도 있습니다.

▲ 숨어서 자는 고양이　　　▲ 높은 나무 위에서 자는 고양이

▲ 사방이 막힌 곳에서 자는 고양이　▲ 박스에서 자는 고양이　▲ 높은 곳에서 자는 고양이

고양이는 어디서 자든, 자고 있는 보호자에게 접근하기 쉬운 자리를 좋아합니다. 그래서 수면에 방해를 받지 않고 고양이와 따로 자기를 결정했다면, 단호한 태도가 필요합니다. 고양이에게 편히 쉴 수 있는 공간을 최대한 제공하고, 침실에는 들이지 않는다는 방침을 어떠한 경우에도 어기면 안 됩니다. 고양이가 받아들이는 데 시간이 필요하지만, 결국에는 적응하게 됩니다. 혼자 자야 하는 어린 고양이에게는 고양이 몸집보다 조금 더 큰 애착 인형을 주는 것도 도움이 됩니다.

　집에 2마리 이상의 고양이가 있을 때 고양이가 선호하는 잠자리는 낮은 곳과 높은 곳에 2세트 이상 있어야 합니다. 고양이가 가고 싶어 하는 공간을 다른 고양이에게 빼앗기지 않도록 신경 써 주세요.

▶ **(5) 영역: 고양이의 영역을 지켜 주려면 어떻게 해야 할까?**

고양이의 영역에는 앞서 언급한 4가지 생활 요건들이 잘 갖추어져 있어야 합니다. 고양이에게 수직 스크래처는 문패와 같은 것으로, 현관이나 고양이가 주로 사용하는 방의 입구에 두는 것이 좋습니다.

실내에서 외동으로 사는 고양이에게는 영역 문제가 비교적 적습니다. 오히려 집 안의 많은 가족들이 고양이 한 마리를 너무 예뻐해서 번갈아 가며 쓰다듬고 안아 올리는 것이 생각보다 더 많은 행동 문제를 야기합니다. 고양이가 쉬고 있거나 자기의 일에 열중하고 있을 때는 방해하지 않아야 합니다.

다 자라서 만난 고양이들의 사이는 사람들의 하우스메이트와 같습니다. 운이 좋으면 형제자매보다 친한 친구로 잘 지내기도 하지만, 대부분 경우에는 서로 방해하지 않고 타협하면서 자기 생활을 이어 나가는 것이 최선입니다. 서로 좋아하는 의자가 같아서 내가 앉고 싶은데 이미 다른 사람이 앉아 있을 때, 내가 사 놓은 간식을 누가 먹어버렸을 때, 화장실이 급한데 하우스메이트가 화장실을 쓰고 있을 때 등 일상생활을 떠올려 보세요. 이러한 방해는 서로의 잘못이 아니지만 생각보다 스트레스가 심합니다. 고양이와 함께 살게 되었다면, 심지어 고양이가 여러 마리라면, 보호자인 내가 어떻게 하면 모든 하숙생을 만족시키는 쉐어하우스를 운영할 수 있을지 고민해야 합니다.

🐾 실내 고양이를 행복하게 지내도록 만드는 10가지 방법

강아지에게 산책과 노즈 워크가 생활의 필수 요소라면, 산책을 하지 않는 실내 고양이들을 행복하게 만드는 방법은 무엇일까요? 바로 '환경 풍부화'입니다. 고양이가 지내는 집 안의 환경을 고양이가 좋아하는 요소들로 꾸며 주는 것이죠. 그럼, 고양이들이 좋아하는 요소들에는 어떤 것이 있는지 알아봅시다.

▶ (1) 고양이가 돌아다닐 수 있는 공간은 최대한 넓게

사실 집이 넓고 고양이가 안전하게 드나들 수 있는 정원이 있다면 제일 좋습니다. 그러나 보호자의 집이 넓지 않다면, 가구 배치를 조정해서 동선을 길게 만들어 주는 방법이 있습니다. 가구를 다 벽에 붙이고 가운데를 비워 놓는 구조보다는 집 안의 가구로 공간을 만들어 구불구불한 동선을 제공하면 고양이는 공간을 좀 더 흥미 있게 느낍니다. 수직 공간도 공간으로 인식하므로 캣타워나 캣워커, 계단식 책꽂이처럼 위아래로 오르내릴 수 있는 '인간-고양이 공용 공간'을 만들어 주는 것을 추천합니다.

▲ 벽의 높은 공간을 활용한
'캣워커' 방 구조

▲ 고양이가 오르내리기 좋은
계단식 책꽂이

▲ 모든 생활 자원이 한곳에 모여 있어
고양이가 싫어하는 방 구조

▶ (2) 바깥 공기를 쐴 수 있는 자리

　고양이에게 밖을 내다볼 수 있는 자리는 아주 중요합니다. 높은 자리에서 창밖을 내다볼 수 있을 때 고양이는 자신이 상황을 통제하고 있다는 감각을 느끼며, 이 느낌은 고양이에게 큰 만족감을 줍니다. 창틀이 고양이가 편히 앉을 만큼 넓지 않다면 창문 바로 옆에 앉을 수 있는 높이의 서랍장이나 캣폴을 설치해 줍니다. 창문을 통해 밖에서 들어오는 공기와 냄새를 탐색할 수 있어야 합니다. 이때 창문에 애완동물용 강화방충망을 설치하여 고양이가 매달리더라도 떨어지지 않도록 해 주어야 합니다. 방충망에 매달리는 습관이 있는 고양이는, 방충망을 열어놨을 때 잘 보지 못하고 뛰어올랐다가 창밖으로 낙상하는 사고가 일어날 수 있습니다. 청소를 위해 창문을 열어 둘 때는 고양이를 다른 방이나 욕실에 잠시 가둬 두세요.

▶ (3) 고양이 침대는 2개

　고양이의 잠자리는 '내려다볼 수 있는 높은 곳'과 '3면이 막힌 낮은 곳'에 모두 마련해 주세요. 집에서 작업하는 보호자의 컴퓨터 앞이나 무릎을 좋아하는 고양이들이 있습니다. 고양이의 방해 공작은 보호자의 행복이기도 하지만, 방해를 피하기 위해서 작업 공간 옆에 작은 상자를 두면 고양이에게도 들어가 있을 공간이 생겨서 좋습니다.

▶ (4) 몸을 비빌 기둥과 스크래처

　고양이의 페로몬과 체취를 묻힐 수 있는 스크래처를 두어야 고양이가 자신의 공간으로 인식할 수 있습니다. 자신의 체취가 나는 기둥과 스크래처는 영역 표시에 매우 중요하며, 벽이나 소파 등의 가구를 긁는 것을 방지해 줍니다.

▶ **(5) 캣그라스**

 고양이는 풀이나 화초를 뜯어 먹는 것을 즐깁니다. 이러한 행동은 장내 헤어볼 제거를 위한 본능적인 행동이라고 합니다. 캣그라스 화분을 작은 것으로 두면 고양이가 풀을 뜯다가 화분을 넘어뜨려서 흙이 쏟아지기 쉽습니다. 크고 무거운 화분이나 옆으로 긴 직사각형 화분을 사용하고, 흙 위에 금속으로 된 얇은 그리드 망을 올려 두고 캣그라스 씨앗을 뿌려서 키우면 풀이 뿌리째 뽑히는 것을 방지해 줍니다. 화분에 사용할 흙을 가까운 공터나 야산에서 퍼 오게 되면 흙 속에 벌레나 기생충 알이 섞여 있을 수 있으므로 화훼원에서 사 와야 합니다. 단, 화훼원에서 파는 흙에는 식물이 잘 자라도록 비료가 섞여 있을 수 있는데, 이런 비료들은 고양이가 파먹었을 때 간과 신장이 망가질 수 있으므로 꼼꼼하게 선택하도록 하세요.

▲ 잔디를 뜯고 있는 고양이

▶ **(6) 놀이(사냥)**

 "우리 고양이는 이제 장난감에 싫증이 났나 봐요. 나이가 드니까 장난감에 반응이 없어요."라는 얘기를 진료실에서 많이 듣게 됩니다. 그러나 고양이가 싫증을 내는 것은 장난감을 가지고 노는 놀이가 아니고 장난감 자체입니다. 고양이에게 놀이는 곧 사냥이고 배고픔으로 연결되어야 합니다. 언제나 배가 부른 권태로운 고양이는 사냥할 의욕이 없습니다. 처음에는 낚싯대 장난감에 반응하지만, 시간이 지나면 이 낚싯대를 잡아도 아무런 보상이 주어지지 않는다고 생각합니다. 그래서 배가 고픈 시간에 낚싯대 놀이를 하고, 고양이에게 보상으로 먹을 것이 주어져야 합니다. 마음이 내킬 때 언제든 편하게 가지고 놀라고 밖에 꺼내 둔 장난감은 고양이의 흥미를 잃게 만듭니다. 놀이하는 시간 외에 낚싯대나 장난감은 안 보이는 서랍 안에 넣어 두세요. 낚싯대를 가지고 놀아 줄 때는 보호자가 새나 쥐 같은 사냥감에 빙의하듯, 그 움직임을 최대한 흉내 내어 활기 있게 움직여 주어야 합니다. '배고픔-힘찬 사냥-먹이 보상'이 고양이 놀이의 핵심이라는 점을 기억하세요.

장난감 색은 알록달록한 것이 좋고, 바스락거리거나 딸랑이는 소리는 새소리와 비슷하게 들려서 좋아합니다. 크기는 고양이가 사냥하기 좋은 작은 동물 크기여야 하고, 잘 망가지는 형태가 좋습니다. 보호자들은 장난감 비용이 아까워서 한번 산 장난감을 오래 쓰려고 하지만, 고양이에게 잘 망가지지 않는 장난감은 씹을 수 없는 플라스틱 과자처럼 느껴집니다.

▶ **(7) 푸드 퍼즐(먹이 퍼즐)**

쥐가 숨어 있는 좁은 공간에 손을 넣어 쥐를 잡아 꺼내는 고양이의 동작을 잘 생각해 보면, 고양이가 왜 푸드 퍼즐을 푸는 데 골몰하는지 이해하기 쉽습니다. 고양이를 위해 제품화되어서 판매되고 있는 푸드 퍼즐이 많이 있습니다.

▲ 푸드 퍼즐(먹이 퍼즐)

버튼을 눌러서 열어야 하거나 발로 밀어야 열리는 등 머리를 써야 먹을 수 있는 형태로

되어 있습니다. 여러 번 사용해서 푸드 퍼즐을 푸는 데에 익숙해지면 퍼즐 내의 모든 구멍 중에 한두 군데는 비워 놓습니다. 열심히 열었지만 비어 있는 '꽝'을 만들어 주면, 고양이는 퍼즐에 더 열중합니다. 빈 휴지 심이나 키친타월 심 안쪽에 사료를 넣고 양 끝은 종이를 구겨서 막아 주면, 집에서 간단히 푸드 퍼즐을 만들어 줄 수 있습니다. 종이를 뜯어내고 사료를 먹는 형태는 고양이의 사냥법과 유사해서 좋은 놀이가 됩니다.

▶ **(8) 고양이가 좋아할 만한 화장실**

뚜껑 없는 크고 넓은 화장실, 밟아도 발바닥을 찌르지 않는 부드러운 화장실 모래, 배설물이 없는 깨끗한 화장실은 고양이를 편안하게 하고 삶의 질을 올려줍니다. 또한 고양이가 용변을 보는 동안 사람이나 다른 고양이가 방해하거나 들여다보지 않아야 합니다.

보호자들은 고양이 화장실을 눈에 보이지 않는 구석에 두는 경우가 많기 때문에 고양이 화장실 근처에 청소용품이나 재활용품이 세워져 있는 경우가 흔합니다. 하

▲ 고양이가 싫어하는 화장실: 용변이 잔뜩 남아 있고 모래 깊이가 얕다. 화장실 2개를 각각 다른 장소에 두자.

지만 고양이는 화장실을 쓰고 나올 때 건드려서 넘어지면서 큰 소리가 나는 것만으로도 화장실 사용을 거부할 수 있습니다. 고양이 화장실 옆에 놓인 공기 청정기가 공기 중에 날리는 화장실 모래를 감지하고 갑자기 작동하기 시작하거나, 로봇청소기가 갑자기 작동하는 것도 고양이에게는 천재지변처럼 느껴질 수 있습니다. 우리가 화장실에서 용변을 보다가 갑자기 지진이 난다거나, 실수로 문이 고장나서 놀라는 경우를 상상해 보세요. 화장실에 들어갈 때마다 그때 경험이 생각나서 망설여질 수 있겠죠?

▶ **(9) 나의 인간**

우리에게 '나의 고양이'가 항상 보고 싶고 소중한 존재이듯이, 고양이에게 '나의 인간'도 그런 존재입니다. 겉으로 보기에 티가 많이 나지 않을 수는 있지만, 고양이도 혼자 있는 것을 외로워하는 동물입니다. 고양이는 외로움을 안 타서 혼자 있어도 되는 동물이라고 생각하는 경우가 많은데, 행동 양식과 표현법이 강아지와 다를 뿐입니다. 고양이를 너무 긴 시간 혼자 방치해 두면 안 됩니다.

▶ **(10) 친구(?)**

친구의 필요성은 고양이의 성장 과정이나 성격마다 다릅니다. 고양이들 간의 놀이를 즐기는 고양이에게는 친구가 필요할 수 있으나, 모든 고양이가 그런 것은 아닙니다. 혼자 있으면 외로울까 봐 일부러 데려온 다른 동물 친구와 사이가 좋지 않아 고양이의 생활 자체가 피곤해지는 경우도 있으니 잘 구별해서 선택해야 합니다.

🐾 고양이 사회화 교육: 반드시 필요한 습관 만들기

고양이에게 '사회화 교육'이란 인간 사회에서 살아가기 위한 기본 훈련입니다. 인간 사회에서 살아가면서 흔히 접하게 되는 대상들을 겁내거나 공격성을 보이지 않고, 편안한 마음으로 생활하도록 하는 것이 목표입니다.

고양이 사회화 교육의 목적은 복종이나 재주를 가르치는 것이 아니고 보호자와의 상호작용과 관계를 강화하고 소통을 하기 위한 것입니다. 서로 언어가 통하지 않으니, 특정한 상황에서는 이렇게 하기로 하자는 큐 사인을 정하는 것이라고 볼 수 있습니다.

고양이의 교육에 있어서 중요한 조건이 두 가지 있습니다. 첫째, 2개의 사건이 짧은 시간 안에 연달아 일어나는 것입니다. 둘째, 행동에 따른 결과, 즉 보상 또는 처벌이 따르는 것입니다. 예를 들어, 고양이가 우연히 앉았을 때 '딸깍' 같은 항상 일정한 소리가 나고 곧바로 간식이 주어지는 일이 반복해서 일어난다면, 고양이는 '딸깍 소리-앉는다-간식'을 연결하게 됩니다. 이런 긍정 강화 교육법을 이용하는 것이 클리커 훈련법입니다.

▶ **핸들링 교육**

새끼 고양이 시기에 매일 손으로 만져 줌으로써 보호자의 손길에 익숙해지도록 만드는 교육입니다. 어린 고양이가 손으로 다루기 가능할 정도의 차분함을 유지할 수 있다면 2~9주령 사이에 핸들링 교육을 시작하는 것이 좋습니다. 보호자가 더 일찍 부드러운 핸들링을 시작할수록 결과도 더 좋습니다. 핸들링은 반드시 무릎 위에 올려놓고 해야 하는 것은 아닙니다. 고양이가 편안하게 누워 있는 장소에 두고 해 주면 됩니다. 핸들링은 목적 없이 고양이를 쓰다듬는 시간이 아닙니다. 위생 관리와 건강 관리상 고양이가 민감하게 받아들일 수도 있는 부위까지 살펴볼 수 있도록 연습하는 과정입니다. 예를 들어, 발을 그냥 쓰다듬는 것이 아니라 발바닥을 부드럽게 눌러 보고 발가락 사이를 벌려서 발톱을 부드럽게 노출시켜 보며 핸들링 교육을 하는 것입니다.

▶ **이동장 교육**

고양이가 이동장을 편안한 쉼터, 피난처로 여길 수 있게 하는 교육입니다. 평소에 이동장 교육을 해 두면 고양이가 동물병원에 내원하거나, 이사, 이동, 대피해야 할 때 이동장을 일종의 '안전 방(패닉룸)'으로 생각하게 되어 스트레스를 많이 줄일 수 있습니다.

▶ 가짜 약 먹이기 교육

고양이가 평생 살아가다 보면 아플 때도 있고 늙어서 보조제나 영양제가 필요한 순간도 옵니다. 고양이에게 매우 좋아하는 간식을 사용한 '가짜 약'을 만들어 먹임으로써 진짜 약을 먹어야 할 때 의심 없이 약을 삼키도록 할 수 있습니다.

이 세 가지 교육 방법은 [PART 2. 육아 시작하기]에서 고양이 양육 시기에 맞춰 한 번 더 설명하겠습니다.

행복한 다묘 가정이 되려면

혈연관계를 기초로 무리를 형성하는 고양이 사회에는 관계의 기본 원칙이 있습니다. 그건 바로, '가족이나 혈연관계가 아닌 고양이를 만나면 조심하고 피해야 한다.'라는 것입니다. 가장 좋은 친구는 동배 형제로, 어릴 때부터 같이 살아오면 평생 가장 가까운 사이가 됩니다.

고양이는 가족의 구성원과 동거묘를 구분합니다. 즉, 동일한 장소에 산다고 해서 같은 무리가 아닙니다. 보호자는 첫째 아이, 둘째 아이라고 생각할 수 있지만, 고양이 입장에서는 다를 수 있다는 점을 꼭 기억하세요.

고양이는 동배 형제로서 가족 구성원이라 하더라도 생활 자원이 충분하지 않으면 떨어져서 살아갑니다. 필요에 의한 가족생활을 하므로 먹이와 공간이 충분할 때만 공동생활이 가능합니다. 물론 단순 동거묘보다는 생활 자원을 나눠 쓰는 데에 있어 훨씬 더 너그럽습니다.

가족이 아닌 고양이들이 충돌 없이 함께 살아가기 위해서는 주요한 생활 자원으로 즉

각적인 접근이 원활해야 하고 자기의 핵심 영역이 지켜져야 합니다. 쉽게 얘기해서 졸릴 때는 자기가 좋아하는 자리에서 바로 잘 수 있어야 하고, 화장실을 쓰고 싶을 때는 방해 없이 바로 쓸 수 있어야 합니다. 그렇지 않다면 출입문을 두고 싸움이 벌어질 수도 있습니다. 갈등이나 충돌이 있는 경우 즉시 피할 수 있는 경로가 있어야 합니다.

사회적 관계에 대한 고양이들 간의 신호를 잘 읽어낼 수 있어야 고양이들 간의 관계 스트레스를 관리해 줄 수 있습니다. 보호자들은 고양이들이 서로 피가 나도록 싸우지 않으면 그럭저럭 사이가 나쁘지 않다고 생각하지만, 고양이는 혼자 조용히 지속적인 스트레스에 시달리게 됩니다.

고양이의 영역 침범 스트레스는 고양이의 불안감을 자극하고, 이는 특발성 방광염으로 이어질 수 있으므로 세심하게 관계를 읽어 주고 영역 관리를 해 주어야 합니다. 생활 자원을 더 보충해 주고, 공간을 나누어 주어야 합니다. 생활 공간이 제한적이라면 고양이 입양에 있어서 신중해야 합니다. 집에는 '고양이 수+1개'의 방이 있어야 합니다. 즉, 고양이가 2마리라면 '방 2개+거실'이 최소한의 구조인 셈입니다.

▶ **같은 사회집단을 만났을 때**

① 만나면 꼬리를 세운다.

② 지나치거나 걸을 때 서로 몸을 비빈다.

③ 몸을 기대고 같이 잔다.

④ 장난치면서 논다.

⑤ 장난감을 공유한다.

▲ 같은 사회집단을 만난 고양이의 그루밍

▲ 같은 사회집단끼리 장난감을 공유한다.

▶ **단순 동거묘를 만났을 때**

① 쫓거나 도망간다(쫓기 놀이로 착각하기 쉽다).

② 마주치면 하악거린다.

③ 같은 방에 있지 않는다.

④ 멀리 떨어져서 잔다.

⑤ 방어적으로 자는 척한다.

⑥ 계단이나 출입문 앞에서 상대의 움직임을 막는다.

⑦ 서로 응시한다.

⑧ 감이 있으면 긴장한다.

⑨ 주인과 따로따로 소통한다(보호자 옆에 있다가 다른 고양이가 오면 자리를 뜬다).

▲ 같은 공간에 있지만, 긴장감이 있는 상태

▲ 싸우지는 않지만, 긴장감이 있는 상태

나에게 맞는 고양이를 찾아보자

🐾 고양이의 품종

고양이의 품종 기준은 '인위 발생종(Man-made breed)', '자연 발생종(Natural breed)', '도메스틱 숏헤어(Domestic shorthair)'로 나눌 수 있습니다.

첫째, '인위 발생종'은 브리더가 원하는 특성을 가진 품종을 만들어 내기 위해 다른 품종이나 고유한 색깔의 고양이를 교배해서 만들어 낸 품종입니다. 특정한 외모, 성격, 털의 길이, 색상, 특이한 유전형질을 얻기 위해 선별적 교배를 합니다. 이 경우 유전적인 문제가 발생하기 쉽고, 외형은 매력적이지만 건강 문제가 뒤따르기도 합니다. 예를 들어 원래 페르시안 고양이는 자연 발생종이었지만, 현재 페르시안 고양이의 모습은 인위적 개량의 결과입니다. 인위 발생종에는 엑죠틱, 스코티시 폴드, 먼치킨, 벵갈, 히말라얀, 스핑크스, 사바나캣 등이 있습니다.

둘째, '자연 발생종'은 인간의 인위적인 교배나 개입 없이 특정 지역의 자연환경과 문화 속에서 수백~수천 년에 걸쳐 자연적으로 형성된 고양이 품종으로, 자연선택과 지역환경에 적응하면서 고유한 외모와 성격을 갖추게 된 것입니다. 그래서 생존력과 질병 저항성이 뛰어나고 인위 발생종보다 유전적 다양성이 비교적 풍부합니다. 정해진 품종 기준이 있어서 국제 고양이 협회에서 공식 품종으로 인정하고 있으며, 현재는 혈통 관리 하에 보존과 번식이 이루어지고 있습니다. 대표적인 품종으로 터키시 앙고라, 러시안 블루, 노르웨이숲 고양이, 샴, 아메리칸 숏헤어, 브리티시 숏헤어, 재패니즈 밥테일이 있으며, 품종명에 지역명이 들어가는 경우가 많습니다.

마지막으로, 지역 내에서 자연스럽게 생긴 고양이로, 다른 품종과 섞였을 수도 있으나 정해진 혈통 기준이 없는 일반 고양이를 '도메스틱 숏헤어'라고 합니다. 각 대륙이나 섬 지방에서 자유롭게 서식하는 잡종 고양이로 외형, 색상, 무늬, 성격이 다양하고, 유전병이 별로 없습니다. 우리나라의 코리안 숏헤어가 대표적인 도메스틱 숏헤어입니다.

고양이는 품종별로 대표적인 성격 특성을 보이는 경우가 많습니다. 예를 들어, 데본렉스, 렉돌, 버만, 샴, 스핑크스, 아비시니안, 엑조틱, 오리엔탈, 페르시안, 터키시 앙고라, 히말라얀은 보호자 의존도가 높아서 보호자 바라기인 경우가 많습니다. 스코티시 폴드, 노르웨이숲 고양이, 렉돌, 먼치킨, 메인쿤, 브리티시 숏헤어, 아메리칸 숏헤어, 시베리안, 아비시니안, 소말리는 대체로 느긋하고 낯선 사람에 대해서 우호적인 경향이 있습니다. 하지만 품종별 특성에서 벗어나는 개성 있는 고양이들도 많다는 것을 잊지 마세요.

•• 국내에서 인기 있는 고양이 품종 10종 ••

▶ 코리안 숏헤어(도메스틱 숏헤어)　　▶ 러시안 블루

▶ 샴　　▶ 페르시안

▶ 터키시 앙고라　　▶ 스코티시 폴드

▶ 먼치킨

▶ 렉돌

▶ 브리티시 숏헤어

▶ 아메리칸 숏헤어

PART 1

입양 준비하기

01
어디에서 데려오면 되지?

고양이와 함께 살기로 결정했다면, 어떻게 나의 고양이를 만날 수 있는지 알아봅시다.

🐾 반려묘 입양처

▶ 여러 품종의 고양이들이 있고 접근성이 좋아요, 펫샵

펫샵의 장점은 쉽게 방문이 가능하고, 다양한 품종이 고양이가 모여 있어서 마음에 드는 고양이를 선택할 수 있다는 점입니다. 고양이의 품종별 특징에 대해 미리 알아보고 펫샵에 가는 것이 좋습니다. 나의 취향에 맞는 외모와 성향을 가진 고양이를 만나게 되는 것은 무시할 수 없는 즐거움이기 때문입니다. 하지만 펫샵에서 분양되기 위해 이른 시기에 어미 고양이에게서 분리되므로 정서적으로 불안할 수 있고, 분양 전 다른 어린 고양이들과 지내게 되므로 전염성 질환에 노출되기 쉽다는 것이 단점입니다.

▶ 우린 한 품종만 키워요, 전문 브리더(breeder, cattery)

보호자의 취향이 확고하다면 품종 전문 브리더(breeder)에게 분양받는 방법이 있습니다. 캐터리(cattery)라고도 하는 품종 전문 분양인은 보통 한 가지 품종만 전문적으로 다룹니다. 순종묘는 품종 특유의 유전적 질환이 있기 때문에 유전적 결함이 있는 개체를 가려내어 번식묘에서 제외하고 관리해야 합니다. 그러므로 전문 브리더는 육종학에 대해 잘 알고 있어야 하고, 고양이의 품종적 특징에 정통하며 윤리적이어야 합니다.

▶ 양갓집에서 바르게 자랐어요, 가정묘

반려묘로서 가장 이상적인 조건은 남녀노소로 이루어진 가정에서 살면서 가족들과 신뢰 관계를 잘 형성한 건강한 어미 고양이에게서 태어나, 형제 고양이들과 3개월령까지 같이 자란 고양이입니다. 성별과 연령이 다른 각각의 사람에게 익숙하며, 어미 고양이와 형제 고양이들 사이에서 고양이 사회의 예절을 배웁니다. 정서적으로 안정되고 사람 사회에 익숙하므로 아주 좋은 반려묘의 자질을 가지게 됩니다.

이런 조건을 가진 고양이는 뛰어난 혈통서를 가진 고양이보다 드물게 존재합니다. 인터넷이나 중고 거래 사이트에 가정묘 분양으로 광고하는 분양업자들도 있고, 업체로 정식 등록한 것도 아니면서 집에서 반복적으로 고양이를 출산하게 해서 분양하는 경우도 있습니다. 가정묘를 원해서 분양을 받는 경우, 밖에서 만나서 거래하지 말고 집에 가서 고양이가 살고 있는 생활 환경을 직접 살펴보기를 추천합니다. 집 안에 출산한 어미 고양이가 여러 마리 있거나 어미 고양이 없이 새끼 고양이들만 다수 있다면 가정묘라고 보기 어렵습니다.

▶ 사지 말고 입양하세요, 유기 동물 보호소

유기 동물 보호소에는 어미를 잃은 새끼 고양이들, 혼자 살던 주인이 사망해서 보호소로 보내진 고양이, 중성화 수술이 되어 있지 않아 발정기에 길을 잃은 고양이들이 다수 보호되는 중입니다. 시설 규모에 비해 매일 들어오는 유기 동물의 수가 월등히 많으므로, 일정 보호 기간이 지나면 안락사를 하게 됩니다. 유기 동물 보호소에서 입양하는 것은 이미 세상에 나와 있는 생명들을 책임지고 보살펴 주게 되므로 의미 깊은 일입니다. 하지만 이전의 보호자에게서 건강 상태에 대한 정보를 얻을 수 없어서 예방접종이나 선천적 질환에 대해 알지 못할 수 있다는 점이 가장 큰 어려움입니다.

▶ **새로운 묘연을 찾아요, 고양이 동호회 카페**

국내 주요 포털마다 대형 동호회 카페들이 있습니다. 이러한 인터넷 카페들은 다양한 정보 교환의 장으로, 보호자의 피치 못할 사정으로 새로운 입양처를 찾아야 하는 성묘, 임시 보호 중인 고양이들, 입양처가 필요한 구조묘들의 소식도 많이 올라옵니다. 성묘의 경우 이미 성장기를 지나 안정적인 상태이므로, 1살 이전 성장기에 치러야 하는 기초 접종이나 중성화 수술 등의 어려움이 없다는 점이 장점입니다. 어려서부터 키우지 않아 보호자를 따르지 않을 것이라고 속단할 필요는 없습니다. 보호자가 열린 마음으로 고양이의 특성을 잘 파악해서 맞춰 주면 새로운 보호자와도 좋은 관계를 맺으며 살아갈 수 있습니다.

▶ **고양이가 집사를 간택해요, 길냥이 입양**

길고양이의 사료와 물을 챙겨 주다가 친해져서 고양이의 간택을 받는 경우도 의외로 많습니다. 반려묘로 집 안에 들일 계획까지는 없었는데 길고양이의 건강 상태가 나빠지면서 집으로 들어오게 되는 경우가 가장 흔하고, 고양이가 무턱대고 집으로 들어오거나 품에 들어와서 떨어지지 않는 경우도 있습니다. 어미 고양이가 사고를 당해 돌아오지 못해서 고아가 된 새끼 고양이들을 구조해서 인공 포유를 하게 되기도 합니다. 이런 경우들은 고양이들이 보호자를 선택하는 것으로, 거부하기가 쉽지 않습니다.

02
반려묘를 키우기 전에 체크해야 할 것

🐾 보호자의 주거 환경

내가 살고 있는 주거 환경이 동물에게 허용적인지 먼저 체크할 필요가 있습니다. 이사할 때 동물을 키우는 세입자를 받지 않는 경우도 종종 있으니, 집 계약하기 전에 이 점을 미리 체크해야 나중에 곤란한 상황을 피할 수 있습니다. 이미 살고 있는 집에서 고양이를 입양하려고 한다면 데려온 후에 문제가 불거지지 않도록 미리 양해를 구하는 것이 좋습니다.

🐾 보호자의 고양이 알레르기 유무

고양이를 이미 데려왔는데, 보호자에게 고양이 알레르기가 있다면 역시 난감한 상황이 됩니다. 가족 구성원 중에서 알레르기 반응이 나타나는 경우도 그렇습니다. 그러므로 고양이를 데려오기 전에 미리 알레르기 테스트를 받아보거나 고양이를 키우는 지인의 집에 방문해 보는 것을 추천합니다. 가능하다면 임시 보호를 하면서 고양이와 접촉해 보는 것이 좋습니다.

고양이 알레르기는 이전에는 없었다가 고양이와 어느 정도 시간을 보낸 후에 생기기도 합니다. 고양이 알레르기는 원인이 고양이 털인 경우와 고양이의 침이나 눈물 등의 분비물인 경우로 나누어집니다. 이 중에서 고양이 분비물에 대한 알레르기가 다수를 차지합니다. 이미 입양한 고양이와 이별할 수 없어서 알레르기약을 일상적으로 복용하는 경우도 있습니다.

최근에는 고양이 알레르기가 있는 보호자를 위한 고양이 사료가 개발되었습니다. 고양이의 분비물에 결합하여 사람의 면역계와 반응하지 않도록 하는 제품이라 보호자들에게 많은 도움이 되고 있습니다. 그러나 보호자가 고양이 털에 대한 알레르기가 있는 경우에는 이 사료도 소용이 없었습니다. 한편, 고양이 털에 대한 알레르기가 있는 사람은 개 알레르기도 같이 가지고 있는 경우가 많습니다. 개 알레르기는 털에 대한 알레르기이므로, 개 알레르기가 있어도 고양이 알레르기는 없을 수 있습니다.

🐾 고양이의 털 빠짐과 집 안 사막화에 대처

고양이는 너무나 완벽한 동물이라 신이 털 빠짐을 주었다는 우스갯소리가 있습니다. 보호자들의 가장 큰 고행이 바로 고양이의 털 빠짐과 고양이 화장실 모래로 인한 집 안 사막화입니다.

•• 고양이의 털 빠짐 ••

고양이는 1살이 넘어가면서 털이 빠지기 시작해서, 3살이 넘으면 더 심하게 빠지게 됩니다. 고양이가 어릴 때 '이 정도면 감당할 만하겠다.'라고 생각했던 보호자들도 시간

▲ 고양이 털 날림 사진

이 지나면서 '와! 이 정도일 줄이야?!' 하고 당황하곤 합니다. 장모종의 고양이는 더 심합니다. 마음의 준비를 단단히 하고 시작한 보호자 역시 결국 고양이 미용을 하게 되는 경우를 많이 보게 됩니다.

고양이가 어릴 때부터 빗질에 익숙해지도록 교육하는 것이 필요합니다. 어릴 때는 털이 별로 빠지지 않아 빗질하지 않다가 1살이 넘어서 갑자기 시작하면 빗질에 거부감을 보이거나 슬리커의 감촉을 싫어하는 경우가 많습니다. 슬리커는 엉킨 털을 풀어 주는 목적으로 사용하는 브러시이므로, 피부를 긁지 않도록 약간 띄워서 빗질해 주어야 합니다. 고양이에게는 핀 브러시가 더 사용하기 좋습니다.

아침저녁에 브러시나 퍼미네이터로 죽은 털을 꼼꼼하게 걷어내 주는 것은 고양이의 헤어볼 방지에도 도움이 됩니다. 만약 브러시에 대한 친화 교육에 실패했다면, 장갑 브러시나 실리콘 브러시 같은 다른 촉감의 도구를 시도해 보는 것을 추천합니다. 설거지용 고무장갑으로 고양이의 머리부터 꼬리까지 여러 번 훑어 내리는 것도 효과가 있으니 한번 시도해 봅시다.

▲ 슬리커

▲ 핀 브러시

▲ 퍼미네이터

•• 집 안 사막화 ••

집 안 사막화는 고양이 화장실 모래가 화장실 주변과 집 안에 흩어지고, 보호자가 모래를 갈아 주거나 고양이가 모래를 파고 덮는 과정에서 모래 먼지가 다수 발생하는 현상입니다.

이전에 유명한 고양이 집사 블로거가 항상 받는 질문이 고양이를 키우면서 어떤 제품을 쓰길래 그렇게 집이 깨끗하고 예쁘냐는 것이었다고 합니다. 블로거의 답변은 '아침저녁으로 쓸어 담고, 반복해서 닦는다.'였습니다. 사막화를 방지하는 제품이 많이 나와 있지만, 아직 완벽하게 모래와 먼지를 차단해 주는 제품은 보지 못했습니다. 모래가 날리고 굴러다니는 것을 많이 막아 주기는 하지만, 결국 보호자가 부지런하게 치우는 수밖에는 없는 것 같습니다.

화장실 모래 먼지를 막기 위해 고양이 화장실 근처에 공기 청정기를 두는 경우가 있는데, 매우 주의하셔야 합니다. 고양이가 화장실을 쓸 때 갑자기 진동과 기계음이 나는 경우, 고양이에게 큰 스트레스가 되어 방광염으로 이어지는 경우가 있습니다. 화장실 가까이에 로봇 청소기를 두는 경우도 있는데, 공기 청정기와 마찬가지로 갑자기 움직이거나 작동음이 나게 되면 고양이가 놀라서 화장실을 거부하는 경우가 생길 수 있으니 피하는 것이 좋습니다.

03
반려묘를 데려오기 전에 준비할 것

고양이를 데려올 마음의 준비가 끝났다면, 이제 실제적인 준비에 들어가 보겠습니다.

🐾 처음 고양이를 키우는 경우

고양이를 데려오기 전에 고양이를 위한 의식주가 준비되어야 합니다. 고양이에게 필요한 의식주 물품을 살펴보겠습니다.

•• 고양이에게 필요한 물품 ••

▶ (1) 사료

고양이의 연령대에 맞는 사료를 준비해 주세요. 국내에서는 건식 사료를 많이 사용합니다. 캔 사료는 간식용 캔과 주식용 캔으로 나누어지는데, 주식용은 사료로 먹일 수 있도록 필수영양소를 모두 맞춰 놓은 것입니다. 캔 사료를 먹인다고 살이 찌는 것은 아닙니다.

▶ (2) 식기

식기는 사기나 유리로 된 넓은 그릇이 좋습니다. 스테인리스로 된 그릇도 괜찮습니다. 플라스틱 그릇은 고양이 턱 여드름에 영향을 주기도 해서 추천하지 않습니다. 고양이는 물을 마실 때 수염이 그릇에 닿지 않는 것을 선호하기에 물그릇은 넓은 유리그릇이 좋습니다. 가능하다면 동물용 정수기를 준비해서 고양이가 익숙해지도록 합니다.

▶ (3) 화장실

6개월 미만의 어린 고양이를 데려올 예정이라면 한동안은 높이 3~5cm 정도의 넓은 플라스틱 통을 쓰는 것을 추천합니다. 아직 키가 작은 고양이가 화장실에 드나들기 편한 것이 좋습니다. 이후에 사용할 화장실은 고양이 몸길이의 1.5배 정도 되는 길이인 것이 좋고, 지붕형보다는 위쪽이 열려 있는 형태를 선호합니다.

▶ (4) 화장실 모래

고양이 화장실 모래는 액체가 닿으면 굳는 두부 모래, 벤토나이트 모래, 카사바 모래를 주로 많이 사용합니다. 굳지는 않고 소변을 흡수하는 형태인 크리스탈 모래도 있습니다. 가는 모래는 화장실 밖으로 흩어지고 먼지가 많이 나기 때문에 보호자들은 청소하기 좀 더 용이한 두부 모래를 선택하는 경우가 많습니다. 하지만 고양이가 제일 좋아하는 형태는 벤토나이트 모래입니다. 모래 입자가 고와서 밟을 때 발에 무리가 가지 않고 잘 덮이기 때문입니다. 최근에는 벤토나이트와 카사바를 혼합하여 먼지를 줄이고 굳은 모래가 부스러지지 않도록 하는 제품들도 출시되어 있습니다. 고양이 화장실은 하루 1~2번씩 치워 주어야 하고, 3~4주에 한 번은 전체 모래 갈이를 하고 물과 세제로 닦아 햇볕에 말리는 것이 좋습니다.

▲ 두부 모래　　　　　　　　▲ 벤토나이트 모래

▶ (5) 잠자리와 영역

　　잠자리와 휴식 공간으로 체구에 맞는 박스형 잠자리와 기어 올라갈 수 있는 적당한 높이의 캣타워가 필요합니다. 보호자는 고양이가 침대 아래나 책상 아래 구석 먼지 많은 곳으로 기어들어 가거나 책장이나 냉장고 위처럼 떨어지면 다칠 수 있는 장소로 뛰어올라갈 때 방해하거나 끌어내리면 안 됩니다. 일단은 옆에서 다치지 않도록 지켜봐 주고, 고양이가 다른 곳으로 이동한 후에 다시 접근하지 못하도록 동선을 막아 놓습니다. 침대 아래에 먼지가 많아 고양이가 결막염에 걸리거나 재채기를 하게 되어서 혹은 높은 곳에서 떨어질까 봐 걱정되어서 계속 고양이를 억지로 잡아당겨 나오게 한다면, 이런 행동은 고양이에게 깊은 좌절감과 불만감을 주게 됩니다. 보호자는 침대 아래를 박스로 막아 두고, 침대 아래 환경과 최대한 유사하게 기어들어가 숨을 수 있는 공간을 만들어 주어야 합니다.

🐾 집에 이미 다른 반려묘가 있는 경우

　　동물들이 같이 지내게 되는 데에는 적응기 및 과도기가 필요합니다. 동물들끼리 무조건 친해질 거라고 믿고 조급하게 기대하지 않는 것이 중요합니다. 집으로 데려오기 전 전염성 질환에 대한 검진을 먼저 하고 데려오는 것이 중요하며, 집에 있던 고양이에게는 보강 접종을 하는 것이 좋습니다. 데려올 때는 질병의 징후가 없었다 하더라도 새로운 공간에 적응하면서 스트레스를 받으면 면역력이 저하되면서 잠복해 있던 질병이 나타나기도 합니다. 건강상의 이유로 진행하는 격리 기간은 최소 일주일입니다. 새로운 고양이는 겉으로 드러나지 않은 전염성 질환을 가지고 있을 수도 있어서 최소 7~10일간은 격리해 두는 것을 추천합니다.

대부분의 고양이가 가장 편하게 같이 생활할 수 있는 대상은 어려서부터 같이 자란 형제자매 고양이입니다. 고양이 사회는 모계가 주축이 되기 때문에, 환경이 풍부해서 무리를 이루는 경우에도 대개 이종사촌들과 같이 지내게 됩니다. 같은 무리에 속하는 고양이는 공동육아를 하는 경우도 있지만, 도시에서는 보기 힘듭니다. 그러니 고양이가 어느 정도 자란 상태에서 보호자가 데려오는 둘째 혹은 셋째 고양이는 서로 하우스메이트의 관계입니다. 쉐어하우스에서 만난 사람과 잘 맞을 수도 있고 사이가 나쁠 수도 있는 것과 같습니다. 폭력 사태가 일어날 정도로 사이가 나쁘지 않다면 공간과 환경을 잘 조절하여 같이 지낼 수 있습니다. 운 좋게 아주 좋은 하우스메이트 사이가 되기도 합니다.

직접 얼굴을 보지 못하고 격리되어 있더라도, 고양이들은 서로의 존재를 명확하게 인식합니다. 입양된 고양이는 새로운 공간에 들어가는 것이므로 이제부터 영역을 만들어 가게 되지만, 원래 집에 있던 고양이는 본인이 가지고 있던 자원과 공간을 나눠 주어야 하는 입장입니다. 새로운 고양이가 집에 들어왔지만, 원래 집에 있던 고양이가 자신의 자원과 생활에는 피해가 없음을 확신해야 얼굴을 마주했을 때 관계를 부드럽게 시작하게 됩니다.

•• 처음 머물 공간을 잘 선택하기 ••

고양이를 처음 데려와서 며칠간 격리시킬 공간은 신중하게 골라야 합니다. 원래 있던 고양이의 생활 동선을 해치지 않는 것이 좋고, 필수 공간(화장실, 식사 장소 등)의 위치를 바꿔야 한다면 원래 있던 고양이의 불편을 최소화해야 합니다. 원래 있던 고양이가 제일 좋아하는 장소는 피하고 그 고양이가 잘 가지 않는 작은 방을 처음 머물 장소로 만들어 그 안에 화장실과 잠자리와 식사 자리를 배치해 줍니다.

▲ 새로 입양된 고양이는 분리한다.

•• 천천히 인사시키기 ••

두 고양이가 처음 대면하기 전, 미리 타월 한 장으로 서로의 몸을 교대로 문질러서 체취가 섞이도록 해 주는 것이 좋습니다. 이미 친근한 느낌을 가지고 각자의 생활이 전혀 위협받지 않는 상태로 만나게 하는 것이 가장 중요한 첫 단추입니다.

Key Point

고양이끼리 인사시키는 순서

① 서로 얼굴을 볼 수 없도록 각자 다른 방에 머물게 하고, 하나의 수건으로 번갈아 얼굴을 문질러서 냄새가 섞이도록 한다.
② 방묘창을 사이에 두고 서로 대면하도록 한다(방묘창이 없는 경우, 각자 이동장에 들어가 있는 상태로 이동장 앞부분을 마주 대서 서로 대면하도록 한다).
③ 직전 단계에서 하악질을 하거나 경계가 심하면 다시 며칠간 각자의 공간에 머물면서 계속 냄새를 섞어 주는 작업을 한다.
④ 각자 방묘창을 사이에 둔 상태에서 사료나 간식을 먹게 한다.

⑤ 배가 부른 상태에서 만나게 한다.

▶ **언제 입양하는 게 가장 좋을까?**

첫째 고양이가 성 성숙기에 들어가기 전에 입양되면 제일 무리 없이 합사가 됩니다. 그러나 일반적으로 첫째 고양이가 어느 정도 성장하고 나서 둘째 고양이가 들어오게 되는 경우가 가장 흔합니다. 그러니 적절한 입양 시기를 정하기보다는 이후에 잘 지낼 수 있도록 환경을 어떻게 조성해 줄 것인가가 더 중요합니다.

▶ **고양이는 몇 마리까지 함께 살 수 있을까?**

한 가정에서 같이 살 수 있는 고양이의 수는 '집에 있는 방의 수 – 1' 마리를 권장합니다. 예를 들어 방이 2개, 거실이 1개 있는 집에 적정한 고양이 수는 2마리입니다. 이 공식은 고양이 간에 사이가 그리 좋지 않은 경우, 고양이 간에 다툼을 피하기 위한 것입니다. 고양이들 간의 관계는 우리 예상대로 흘러가지 않을 수 있으며 나이가 들어 질병이 생기는 경우에 관계성이 틀어지거나 달라질 수 있습니다. 오래 같이 지낸 고양이들이 아플 때 서로 돌봐 줄 것이라고 생각하기 쉽지만, 질병 말기의 아픈 고양이가 가까이 있으면 다른 고양이는 심한 스트레스 반응을 보이곤 합니다.

이 공식은 모든 경우에 똑같이 적용되는 것은 아닙니다. 같이 살고 있는 고양이들의 관계가 어떤가, 넓지 않은 공간이라도 환경을 어떻게 만들어 주는가, 고양이에게 필요한 기본 생활 요소가 얼마나 충분하게 갖춰져 있는가 등에 따라 달라집니다. 길고양이를 대상으로 진행한 실험에서도 제공되는 사료량과 환경에 따라서 같은 크기의 공간을 공유할 수 있는 고양이의 수가 최대 2~5배까지 증가하는 것이 관찰되었습니다.

▶ 고양이가 한 마리 늘어날 때마다 추가해 주어야 하는 것은 무엇일까?

앞서 설명한 대로 고양이의 기본 생활 요소는 한 마리당 한 세트입니다. 집에 고양이가 2마리라면 잠자리, 숨을 공간, 높은 공간, 스크래처, 밥그릇, 화장실 등이 2세트씩 있어야 합니다. 특히 화장실은 '고양이 수+1개'로 준비하는 것이 좋습니다. 고양이가 화장실에 들어가고 싶을 때 다른 고양이가 들어가 있어서 못 들어가게 되면 큰 불편감과 스트레스를 느낍니다. 이러한 스트레스가 쌓이면 특발성 방광염 같은 스트레스성 질환이 나타나기 쉽습니다. 고양이는 본인이 뭔가 하려는 필요와 욕구가 있을 때 좌절되는 것을 견디기 힘들어합니다. 고양이가 사용하고자 하는 생활 요소가 다른 고양이와 동시에 겹치지 않도록 해 주는 것이 중요합니다.

🐾 집에 강아지가 있는 경우

▶ 개를 키우는 집에서는 고양이를 키울 수 없는가?

이 질문에 대한 절대적이고 명확한 답은 없습니다. 개와 고양이는 행동 양식이 달라서 한쪽은 애정 표현을 하는데 상대는 공격으로 받아들이기도 하고, 호의를 표현하는 바디랭귀지가 달라서 서로 싸움으로 번지기도 합니다. 나이가 든 개가 있는 집에 어린 고양이가 새로 들어가면 무리 없이 잘 지내는 경우가 많습니다. 개는 나이가 들어 좀 점잖아졌고, 고양이는 활발한 장난꾸러기 시절이라 서로의 에너지 수준이 비슷하게 맞을 수 있습니다. 하지만 그 반대의 경우로 나이가 든 고양이는 활발한 강아지를 견디기 어려워합니다.

▶ **고양이가 있는 집에 강아지가 올 경우는 어떻게 할까?**

어려울 것을 알면서도 어쩔 수 없이 고양이와 강아지가 같이 살아야 하는 상황도 있습니다. 그런 경우 강아지가 접근할 수 없는 수직 공간을 마련해 주어야 합니다. 고양이가 벽면을 따라 이동할 수 있는 캣워커를 설치할 수 있으면 제일 좋습니다.

▲ 개와 고양이의 합사

보호자가 가장 신경 써야 할 부분은 배변 장소입니다. 강아지의 배변 장소는 고양이가 쉬는 곳에서 멀수록 좋고, 고양이 화장실 근처에는 절대로 강아지가 접근해서는 안 되며 쳐다볼 수 없는 위치에 두어야 합니다.

고양이와 강아지가 서로의 사료에 흥미를 느껴 가끔 바꿔 먹어도 크게 문제는 없습니다. 그러나 잡식동물 강아지와 육식동물 고양이는 필수영양소도 다르고 체중당 필요한 칼로리도 다르므로 지속적으로 사료를 바꿔 먹으면 건강상 문제가 생길 수 있습니다.

수의사의 에세이

고양이 입양 준비

어린 시절부터 항상 집에는 개, 고양이, 햄스터 등 동물이 있었지만, 부모님이 데려온 동물들이라 관리는 어른들이 하고 저는 그저 귀여워하기만 하면 되었어요. 개는 가족 모두에게 '우리 집 개'였죠. 그렇게 지내다가 대학생 시절, 자취를 하면서 '내 고양이'를 처음 키우게 되었습니다.

고양이를 데려오기 위해서 일단 주변에 고양이를 키우려고 한다고 여기저기 소문을 내고 기다렸어요. 몇 주 정도 기다리다 보니, 과 동기가 지인의 집에서 태어난 고양이를 소개해 주었습니다. 식당 집 어미 고양이에게서 태어난 둘째 아들이었는데, 원래 먹던 사료, 쓰던 잠자리, 이동장 같은 것 하나 없이 달랑 품에 안겨 저한테 도착했습니다. 그래서 고양이는 집에 잠깐 두고 당장 살림살이부터 준비하러 뛰어나가야 했답니다.

고양이를 위해 필요한 장을 봐서 집에 돌아왔는데, 침대 위에 두고 갔던 고양이가 없어진 거예요! 이부자리와 침대 아래를 뒤지고, 화장실 구석구석을 찾아봐도 나오지 않았죠. 현관문과 창문도 꼭꼭 닫혀 있었는데, 이게 대체 무슨 일이람. 그러다 침대 옆에 벗어 던져 놓은 면바지를 아무 생각 없이 들어 올리는데, 바지가 묵직한 거예요. 고양이가 바지 주머니에 기어들어가 동그랗게 몸을 말고 있었던 거죠.

▲ 독립적인 까망이

대단한 준비 없이 저에게 오게 된 첫째 고양이 '까망이'는 턱시도 무늬의 코리안 숏헤어로, 어린 시절부터 발이 큼직하고 몸이 길었어요. 오가는 사람이 많은 환경에서 형제들과 자란 아주 성격이 좋은 아이였습니다. 사냥꾼 유형이어서 낚시 놀이에 미친 듯이 열중했고, 놀아 주다 지친 제가 낚시 장난감을 벽에 걸어 놓으면 혼자 뛰어오르면서 놀곤 했어요. 30~40분씩 낚싯대를 쫓으면서 놀다가 입을 벌리고 헉헉거리며 주저앉을 정도가 되어야 겨우 만족하곤 했지요. 제가 돌아오는 기척이 들리면, 침대 아래에 숨어 있다가 화다닥 뛰쳐나와서 제 발을 사냥하는 통에 발은 항상 상처투성이

였답니다.

하루는 까망이가 욕실 밖에서 하도 울어대서 욕실에 들여 주고 저는 샤워커튼을 치고 샤워를 하고 있는데, 갑자기 샤워커튼으로 펄쩍 뛰어올라 발톱으로 매달리는 게 아니겠어요? 그러고는 몸무게 때문에 샤워커튼을 쫘-악 찢으면서 바닥으로 미끄러져 내려갔죠. 히치콕 영화 〈싸이코〉의 한 장면 같았어요. 커튼 너머로 어른거리는 그림자의 유혹을 떨칠 수가 없었던가 봐요. 까망이는 제가 잠을 잘 때는 침대가 보이는 의자에서 자고, 제가 책상에 앉아 있을 때는 옆에 있는 침대에 누워 있었습니다. 사람에게 몸을 붙이고 있는 스타일이 아니라 얼핏 독립적인 것처럼 보였지만, 사람을 좋아해서 항상 집에 사람이 있기를 바랐고 혼자 있는 것을 싫어했습니다.

원래 고양이를 좋아했지만, 까망이를 만나고 나서 고양이라는 종족에게 완전히 마음을 빼앗기고 말았어요. 까망이가 1살이 되었을 때, 학교 내과 실습실에서 혈청 실험용 동물로 있던 한 고양이를 마주치게 되었습니다. 실험이 끝나서 철창 안에 방치되어 있던 아이였는데, 실습 동물 당번으로 사료를 주러 갈 때마다 마음이 쓰여 견딜 수가 없었죠. 교수님과 조교에게 허락을 받고 집에 데려와서 '마리'라고 이름을 지어 주었어요. 까망이에게는 허락도 받지 않고 데려왔지만, 까망이는 그다지 짜증 내지 않고 마리를 하우스메이트로 받아 주었어요. 다만 화장실은 절대 같이 쓰려고 하지 않았습니다. 아직 학생이었던 무신경한 보호자가 화장실을 더 만들어 주어야 한다는 걸 몰라서, 까망이는 침대 밑에 용변을 보는 방식으로 자신의 의사를 전달했어요.

마리는 워낙 열악한 환경에 있던 아이여서, 생활에 있어서 자기의 고집이라고는 없었습니다. 이미 3살이 넘은 나이였지만, 철창에서 벗어나서 편안하게 지낼 수 있게 된 것만으로도 아주 만족하는 눈치였어요. 장난감 낚시 놀이를 별로 해 본 적이 없어서인지 낚시에는 관심이 없고, 높은 곳에 올라가거나 창가에 앉아

▲ 실험실 구조 후의 마리

밖을 보는 것을 좋아했습니다. 자기 몸에 딱 맞게 들어갈 수 있는 박스나 몸이 파묻히는

방석을 선호했지요.

이후에 학교를 졸업하고 수의사로 근무하게 되면서, 다리가 부러진 채로 병원에 버려진 고양이 형제 두 마리를 입양해 오게 되었습니다. 막 2개월을 넘어선 새끼 고양이였는데, 두 마리 모두 학대를 당해 뒷다리가 양쪽 다 부러진 상태였습니다. 사람에게 힘든 경험을 했을 텐데도 두 아이는 아주 순했고, 입원장 문 사이로 저를 똑바로 쳐다보며 앞발을 뻗곤 했습니다. 몸의 무늬는 똑같은데, 색깔만 검은색과 노란색으로 달라서 '간장이'와 '빠다'라고 이름 붙여서 데려왔습니다. 간장이와 빠다는 항상 단짝 친구처럼 붙어서 지냈고, 나중에 다 자라서도 항상 붙어 있곤 했습니다. 마리는 유난히 빠다를 예뻐해서 품에 안고 그루밍해 주기를 즐겼고, 그러면 까망이가 '에휴, 할 수 없지, 남은 애는 내가 돌봐줘야지.' 하는 듯이 간장이를 챙겨 주었습니다.

▲ 어린 시절의 간장이와 빠다

▲ 성묘가 된 간장이와 빠다

▲ 까망이와 간장이

▲ 병원 고양이 동글이

이후에도 길에서 눈도 못 뜨고 있는 새끼 고양이를 주워 와서 인공 포유하며 키우게 된 '짹콩이', 아무도 데려갈 사람이 없다며 한 초등학생이 덜컥 동물병원에 데려온 '동글이'가 줄줄이 들어왔습니다.

십수 년 전만 해도 길 잃은 동물이나 갈 데 없는 동물을 수의사에게 데려오는 일이 흔했습니다. 병원에서 받을 수 없다고 하면, "동물을 사랑해서 수의사가 되었으니 당연히 받아줘야지."라며 화를 내는 경우도 많았습니다. 동물병원은 유기된 동물을 돌보는 곳이 아닌데, 수의사의 측은지심을 너무 이용해 먹는 것 같아 화가 났습니다. 갈 데 없는 동물을 받아주지 않으면 '돈만 아는 비정한 수의사'라고 비난하는 것도 상처가 되었고요. 우리가 길에서 엄마 잃은 꼬마를 마주쳤다고 소아과로 데려가지 않는데 말이죠. 그래서 마음을 닫아걸고 한동안 유기 고양이를 받지 않았습니다. 이대로 두었다간 집과 병원이 고양이로 가득 찰 것 같아서 걱정도 되었고요.

그러다 어느 늦가을 비가 오는 날, '메주콩이'가 나타났습니다. 누군가 어미 고양이가 낳은 새끼 고양이 4마리를 플라스틱 박스에 담아 수건으로 둘둘 말아 버렸는데, 비가 와서 수건이 다 젖은 거였죠. 날이 추워서 몸이 다 젖은 새끼 고양이들은 모두 저체온증 상태였어요. 메주콩이 혼자 도움을 요청하며 계속 울고 있었다는 걸 구조해서 데려온 중학생이 전해 줬어요. 이미 두 마리는 심장이 멎었고, 한 마리는 심장 박동은 있었지만 결국 체온을 회복하지 못하고 죽었습니다. 메주콩이는 필사적으로 울고는 있었지만, 눈도 뜨지 못하고 의식도 오락가락하고 있었어요. 체온은 정상으로 회복이 되었기 때문에 남편에게 뒷일을 맡기고, 저는 유치원에 다니는 저희 아이들을 데리러 갔습니다. 그런데 의식을 회복한 메주콩이는 눈을 뜬 순간 봤던 제 남편이 자기를 구해 줬다고 믿고, 이후 남편 껌딱지가 되고 말았습니다. 왕자를 구해 주고 나서 이웃 나라 공주에게 빼앗긴 인어공주의 심정이 이런 것인가 봅니다. 고양이는 생사를 오가는 위독한 순간을 넘기면 사람에게 의존적인 성향으로 바뀌기도 합니다. 껴안는 것을 싫어하던 고양이가 무릎 고양이가 되기도 합니다. 혼자 용감하게 울고 있던 메주콩이는 결국 우리 집 고양이가 되었습니다.

저희 집에 사는 고양이들은 어려서부터 여러 고양이들이 드나드는 환경에서 살아서 새로운 고양이가 들어오는 것에 익숙했습니다. 집도 두 층으로 나뉘어 있어 공간 분리도 쉬웠습니다. 하지만 외동으로 오래 지내온 고양이는 영역 내에 새로운 고양이가 들어왔을 때 적응하기 어려워합니다. 반드시 격리 기간을 지켜서 서로 마음의 준비를 시키는 것을 추천합니다. 언제나 새로 들어오는 고양이보다 원래 있던 고양이의 스트레스가 더 심하다는 걸 기억하세요.

육아 시작하기

Chapter 1

적응기

집에 데려와서 2주 내외의 기간

01. 새로운 집에 적응하기
02. 적응기에 시작해야 하는 사회화 교육
03. 적응기에 자주 보이는 질환 및 대처법

01
새로운 집에 적응하기

고양이는 영역 동물이기 때문에 새로운 공간에 적응하기가 쉽지 않습니다. 새로운 곳에 태연하게 녹아드는 고양이들도 있지만, 대체로 새로운 환경 변화에 당황하기 마련입니다. 어린 고양이일수록 적응력이 좋지만, 우리는 보호자로서 고양이들이 적응하기 좀 더 편하게 도와줘야 하겠죠?

🐾 보호자가 알아 두어야 할 것

•• 입양처에서 받아올 것 ••

공간이 바뀌는 상황에서 고양이에게 익숙한 물건들이 있으면 도움이 됩니다. 어린아이의 애착 인형 같은 역할을 해 주니까요. 예를 들어, 고양이의 입양처에서 쓰던 잠자리나 담요를 같이 받아오는 것이 좋습니다. 그러기 어렵다면 미리 큰 수건을 깔아 둔 후 며칠 사용하도록 해서 가져오는 것으로 대신합니다. 기존 보호자의 낡은 옷도 괜찮습니다. 또한 고양이의 출생일과 태어났을 때의 체중을 알아 두는 것이 필요하고, 예방접종을 했다면 접종 기록이나 접종 수첩을 받아와야 합니다.

입양 초기에는 원래 먹고 있던 사료를 바꾸지 않고 그대로 먹이는 것을 추천합니다. 사료가 갑자기 바뀌면 구토나 설사 등의 소화기 증상이 나타날 수 있기 때문입니다. 사료를 불려서 먹였는지, 불려서 먹였다면 어느 정도 불렸는지 등의 상세한 사료 상황을 파악해야 합니다. 또한 바뀐 화장실에 당황하지 않도록 사용하던 화장실 모래를 좀 얻어와서 며칠간 쓰게 합니다. 이때 새로 개봉한 모래보다는 기존 리터박스(화장실)에 있던 모래를 덜어오는 것이 좋겠습니다.

처음 어린 고양이를 데리러 갈 때는 이후에 사용할 이동장을 미리 준비하여 가져가는 것을 추천합니다. 고양이가 지금은 작은 크기라서 작은 사이즈의 가방이나 박스를 가져가는 경우가 흔하지만, 새로운 공간으로 이동했을 때 처음 들어가 있었던 이동장에 미리 친숙함을 느끼게 하면 이후 이동장 교육을 할 때 도움이 됩니다.

•• 입양 전 미리 준비하고 알아 둘 것 ••

▶ 밥과 물, 화장실 위치

어린 고양이의 식기는 간장 종지 정도 크기이면 좋고, 몸이 자랄수록 크기를 바꿔 주면 됩니다. 고양이의 밥그릇과 물그릇은 최소 1미터 이상 떨어져 있는 것이 좋습니다. 하지만 어린 고양이는 행동반경이 넓지 않으니 좀 더 좁게 두어도 무방합니다.

리터박스(화장실) 역시 1미터 이상 거리를 두고 위치를 잡아 줍니다. 일반적인 고양이 화장실은 턱이 높아서 어린 고양이가 기어 올라가기 어렵습니다. 어릴 때는 짧은 다리 길이에 맞는 주방용 밀폐용기를 쓰는 것도 괜찮습니다. 입양 전에 사용하던 화장실 모래를 깔아 주면 빨리 적응합니다. 처음 며칠이 지나면서 화장실을 잘 사용하게 되면, 다른 모래와 섞어 가며 바꿀 수 있습니다.

▶ 잠자리 선택

고양이의 잠자리를 선택하기 전에 보호자는 앞으로 고양이와 같이 잘 것인지 수면을 분리하여 따로 잘 것인지 결정할 필요가 있습니다. 만약 수면에 예민하여 고양이를 침실에 들이지 않을 생각이라면, 고양이가 처음 집에 왔을 때부터 일관되게 잠자리를 분리해 주어야 고양이도 적응할 수 있습니다. 보호자가 고양이의 잠자리를 정해 준다 해도, 고양이는 성장하면서 스스로 마음에 드는 자리를 찾아갑니다. 집에 이미 반려동물이 있는 경우는, 처음 1~2주간 분리하여 생활할 수 있는 공간을 만들어 주고 그곳에서 자도록 합니다.

새로운 공간에 온 어린 고양이는 낯설고 무서운 상태이니, 어느 정도 적응될 때까지는 잘 때 같이 있어 주어야 합니다. 고양이를 침실에 들이지 않을 계획이더라도, 고양이가 자는 공간에서 며칠간은 옆에서 같이 자는 것이 좋습니다.

▶ 사료의 형태와 횟수

집에 데려오기 전에 고양이가 원래 먹던 사료의 형태와 횟수대로 급여하는 것이 좋습니다. 갑자기 식습관이 바뀌면 배탈이 나기도 합니다. 새끼 고양이를 어미 고양이에게서 처음 분리해서 데려오는 경우라면 이유식을 줘야 합니다. 어미 고양이의 젖만 먹던 새끼 고양이는 그릇에서 직접 핥아먹는 것에 익숙해지는 단계가 필요합니다. 6개월 미만의 어린 고양이는 하루에 4~5회 나누어 급여하는 것이 좋습니다. 고양이는 흔히 자율 급식을 하지만, 어린 시기에는 양을 잘 조절하지 못하는 면이 있습니다. 무엇보다 배가 고플 때 보호자가 사료를 공급해 주는 경험을 반복하면 고양이와 친밀도를 높이게 되고, 사회화 교육도 용이해집니다.

▶ 이미 반려동물이 있는 경우 격리 기간을 제공하자

새로 데려오는 고양이에게도 공간과 친숙해질 시간이 필요하고, 원래 있던 개나 고양이에게도 집에 새로운 동물 친구가 들어왔다는 사실에 익숙해질 시간이 필요합니다. 우리가 새로운 동물을 데려올 때 기존 반려동물에게 의견을 물어볼 수 없기 때문에, 동물들은 본인의 의사와 상관없이 일어난 일에 적응해야 합니다. 적응기에 제일 중요한 점은 새로운 고양이가 집에 들어왔어도, 기존 동물의 생활이 방해받거나 자원을 빼앗기지 않는다는 사실을 충분히 인지하도록 해 주는 것입니다. 새로운 고양이가 지낼 임시 장소를 정할 때 원래 있던 고양이가 좋아하는 장소를 뺏거나 방해하지 않도록 신중하게 결정하도록 합니다. 새로 오는 고양이가 겉보기에 건강해 보이더라도, 잠재적인 질환이 있을 수 있으므로 건강상의 문제를 위해서도 격리 기간을 갖는 것이 중요합니다.

▶ 고양이에게 위험할 수 있는 공간을 미리 대비하자

새로운 공간에 온 고양이는 낯선 공간을 탐색하려고 하거나 한동안 숨어서 안 나오려고 할 수도 있습니다. 이때 고양이가 숨거나 탐색하는 공간의 범위는 보호자가 상상도 못 한 곳까지 포함될 것입니다. 이때 절대 하면 안 되는 행동은 고양이를 쫓아다니면서 "아이고, 안 돼!", "거긴 위험해!"라고 큰 소리를 내며 잔소리하거나, 억지로 붙잡아서 끌어내리는 것입니다. 먼지투성이인 가구 아래에 기어들어 가거나, 높아 보이는 곳에 기어오를 때도 꾹 참고 지켜봐 주어야 합니다. 고양이가 그 장소를 떠날 때 다시 들어가지 못하도록 가구나 박스로 막아 놓으면 됩니다. 기어오르고 기어들어 가는 것은 고양이의 본성이므로, 고양이가 집에 오기 전에 미리 침대 아래 공간, 책상 아래 공간 등을 박스로 막아서 원천 차단하고, 높은 곳 아래에는 푹신한 깔개를 깔아 준비해 두는 것이 좋습니다.

▶ 보호자는 최대한 침착하고, 천천히 움직이고, 차분한 목소리를 내자

고양이는 주변의 소리와 분위기에 민감한 동물입니다. 그러므로 보호자는 가급적 천천히 움직이고 차분함을 유지해야 합니다. 고양이가 욕조에 빠지거나 열린 문으로 나가거나 전선을 물어뜯는 정도의 위급한 상황이 아니라면, 어떤 상황에서도 고양이의 이름을 크게 부르거나, "으악!", "어머나!" 등의 감탄사를 크게 외치지 마세요. 놀란 고양이는 엉뚱한 방향으로 일을 악화시킬 수도 있습니다. 노인들이 키우는 고양이가 느긋한 것은 노인들의 반응과 움직임이 느리고 일상이 규칙적이기 때문입니다. 매일 일정하게 반복되는 보호자의 루틴은 고양이의 마음을 편안하게 해 줍니다.

고양이는 관찰하면서 배우는 동물이라서 생활에 필요한 기술을 배울 때도 어미 고양이나 보호자의 행동을 유심히 살펴보고 따라 합니다. 문을 열 줄 알거나 정수기를 사용할 줄 아는 고양이는 뛰어난 학습력을 가져서 보호자의 행동을 관찰하고 배우는 것입니다. 청소기나 선풍기 등 이전에 본 적 없는 물건을 접할 때 보호자가 불안해하면 고양이도 덩달아 긴장하게 됩니다. 따라서 보호자는 만사 느긋한 기분을 유지하는 것이 중요합니다.

🐾 고양이 인공 포유

혹시 길에서 어미를 잃은 새끼 고양이를 구조하게 되었다면, 보호자가 어미 고양이 대신 분유를 먹여야 합니다. 어미가 있는 새끼 고양이는 보통 3~5개월까지 어미 젖을 먹지만, 인공 포유는 대개 생후 1달 반 정도까지 하고 이유식으로 넘어가게 됩니다.

분유는 반드시 고양이용 분유로 준비해야 합니다(강아지용 분유는 조성이 맞지 않아 먹일 수 없습니다). 동물용 젖병을 사용해도 되고, 너무 어려 젖병을 잘 빨지 못하면 주

사기로 조금씩 흘려 넣어 주기도 합니다. 외국의 쇼핑몰에서 '미라클 니플(Miracle nipple)'이라는 제품을 판매하고 있으니 참고하세요.

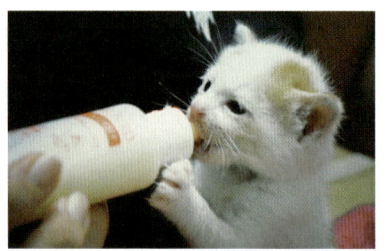

▲ 동물용 젖병

Key Point

인공 포유 과정

① 인공 포유를 시작하기 전, 따뜻한 물수건으로 새끼 고양이의 머리부터 꼬리까지 마사지하며 닦아 줍니다. 어미 고양이가 핥아주는 과정을 흉내 내어 닦아 주면 좋습니다.

② 물티슈를 감은 손가락이나 젖은 면봉을 이용하여 생식기와 항문을 톡톡톡 두드려 배변 유도를 해 줍니다. 새끼 고양이는 혼자서 배변을 못 하기 때문에 어미가 핥아서 배변을 유도해 줍니다. 보호자가 이 역할을 대신해 주어야 합니다.

③ 정해진 양만큼 분유를 먹입니다. 분유는 고양이 체온과 비슷하게 맞추어야 하고, 새끼 고양이가 잘 먹지 못한다고 젖병을 짜 주면 속도가 너무 빨라 폐로 넘어가기 쉬우니 주의해야 합니다. 고양이가 삼킬 수 있는 속도에 맞게 소량씩 나오도록 분유 젖꼭지를 잘 조절하세요.

▶ 고양이의 성장 단계

나이	행동 발달
생후 2일	가르랑거리기 시작한다.
생후 1주	높은 소리로 어미 고양이를 부른다.
생후 3일~생후 2주	후각으로 어미 고양이와 애착을 형성한다.
생후 2주	눈을 뜬다.
생후 2~4주	형제들이 곁에 있으면 진정 효과가 나타난다.
생후 3주	어미 고양이가 포식 행동을 가르치기 시작한다. 사회화가 시작된다.
생후 4주	형제자매와 소통 방법을 익히기 시작한다. 고형 사료를 먹이기 시작한다.
생후 5주	배설을 독립하며 스크래치와 놀이를 시작한다. 쥐를 죽일 수 있다.

생후 7주	배설물을 덮기 시작한다.
생후 60일	이유식을 시작한다.
생후 12주	장난과 놀이로 가득하다. 놀이 행동에서 성별 차이가 나타난다.
생후 4~6개월	수컷은 독립하기 시작한다.

▶ **고양이의 성장 단계에 따른 분유량**

나이	체중	분유량	인공 포유 간격
0~1주령	50~150g	2~6ml	2시간마다
1~2주령	150~250g	6~10ml	2~3시간마다
2~3주령	250~350g	10~14ml	3~4시간마다
3~4주령	350~450g	14~18ml	4~5시간마다
4~5주령	450~550g	18~22ml	5~6시간마다
5~8주령	550~850g	이유식	6시간마다

▶ **이유식 제조**

처음 이유식을 시작할 때 새끼 고양이는 그릇을 핥아먹는 행위에 익숙하지 않아 잘 먹지 못하고 소화 능력이 부족할 수 있습니다. 그러므로 분유와 병행해서 천천히 넘어가 주어야 합니다. 이유식에 익숙해져서 잘 먹게 되면, 점차 '으깨지 않은 불린 사료 〉 반 정도 불린 사료 〉 건시 사료' 순으로 천천히 고형식으로 넘어가면 됩니다.

 Key Point

이유식 제조법
① 소량의 새끼 고양이용 건식 사료에 따뜻한 물을 붓고 완전히 물렁물렁해질 때까지 기다립니다.
② 사료가 완전히 다 불면, 남아 있는 물을 따라 버리고 숟가락으로 다 으깨 줍니다.
③ 고양이 분유를 1~2스푼 넣고, 다 섞은 후 따뜻한 물을 소량씩 넣어 걸쭉하게 만듭니다.

적응기에 시작해야 하는 사회화 교육

보호자는 고양이가 그루밍을 하거나, 잠을 자거나, 다른 공간을 탐색하고 있을 때 방해하지 말아야 합니다. 고양이가 어릴 때는 '관상용 화초처럼 대하시라.'라는 주문을 자주 드립니다. 멀리서 지켜보고, 고양이가 나에게 다가올 때 충분히 필요한 반응을 보여 주는 것이 중요합니다. 자기의 생활을 자꾸 방해받은 고양이는 신경질적인 성격이 될 수 있습니다.

놀이 교육

집에 처음 온 적응기에는 본격적인 교육을 시작하지 않습니다. 그러나 어떤 경우에도 사람의 손과 발을 장난감으로 쓰지 않도록 하는 것이 중요합니다. 보호자에게 익숙해진 새끼 고양이들은 흔히 형제들에게 하듯이 보호자와 놀이를 하려고 하는데, 이때 손가락이나 발을 따라다니며 물어뜯는 행동을 하게 됩니다. 형제들과 같이 자라는 새끼 고양이들은 '장난을 치면서 이렇게 심하게 놀면 놀이가 중단되고 다투게 되는구나.'라는 사실을 배워 나가고, 어미 고양이에게 엄격하게 혼나면서 적절한 예의를 배우게 되지만, 현재 상황에서는 보호자가 옆에 있으므로 이 역할을 보호자가 맡게 됩니다. 손이나 발을 무는 경우, 보호자는 단호하게 고양이를 혼자 두고 다른 공간으로 가 버려야 합니다. 고양이가 원하는 것은 놀이가 중단되고 보호자가 떠나는 것이 아니었으므로, 이런 행동을 하면 보호자가 없어진다는 것을 배울 필요가 있습니다. 오랫동안 떠나 있지는 않고, 30초~1분 정도 후 다시 돌아가서 장난감으로 놀이를 해 줍니다.

이름 교육

새끼 고양이는 아직 자기 이름에 익숙하지 않으므로, 사료나 간식을 줄 때 고양이의 이름을 부드럽게 불러서 좋은 기억과 이름을 연결할 수 있게 해 줍니다. 야단을 치거나 안 좋은 상황에서 이름을 부르면, 불러도 잘 오지 않는 고양이가 됩니다. 길에서 구조한 경우나 이름을 바꾸게 되는 성묘의 경우에도 이 원칙을 지키는 것이 좋습니다.

이동장 교육(1단계)

이동장 교육은 집에 데려올 때부터 시작해야 성공률이 높아집니다. 성묘가 될 때까지 사용할 이동장을 미리 준비해서 아이를 데려왔다면 100점짜리 시작입니다. 이동장은 가구의 일부처럼 존재해야 합니다. 병원에 가거나 외출할 때만 이동장을 꺼내 온다면 고양이에게 이동장은 나쁜 곳에 갈 때 쓰는 물건이라고 각인되며, 이동장을 꺼내기만 해도 숨어 버리게 됩니다. 이동장 안에 푹신한 담요를 깔아 주고, 사료를 이동장 안에서 먹도록 하는 것으로 이동장 교육(1단계)을 시작합니다.

03
적응기에 자주 보이는 질환 및 대처법

데려오기 전에 아무런 이상이 없었던 고양이라도 환경이 급변하면 면역력이 떨어지면서 일시적으로 아프기도 하고 내재해 있던 전염성 질환이 발현되기도 합니다. 적응기에 흔히 나타나는 질환들에 대해 알아보겠습니다.

🐾 적응기에 흔히 나타나는 질환

•• 호흡기 질환 ••

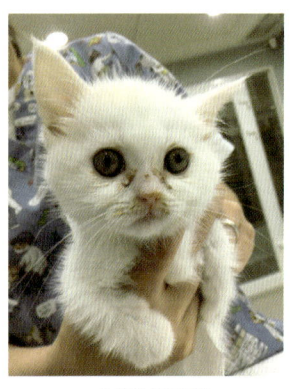
▲ 호흡기 바이러스

재채기, 콧물 등의 감기 증상이 나타날 수 있습니다. 추운 계절에 이동하게 된 경우나 먼지가 있는 구석에 들어간 경우 나타납니다. 호흡기 바이러스에 감염되어 있는 경우도 있습니다. 재채기를 2~3번 하거나 맑은 콧물이 튀는 정도라면 하루이틀 지켜봐도 됩니다. 재채기가 계속되거나 콧물이 줄줄 나오고 누런 콧물이 보인다면 동물병원에 데려가서 진료를 받도록 합니다.

•• 눈곱 및 눈물 ••

고양이도 사람처럼 자고 일어나면 정상적으로 눈곱이 생깁니다. 딱딱하고 잘 떨어지는 검은색 눈곱은 정상입니다. 물렁물렁하고 늘어나는 흰색 눈곱은 젖은 수건으로 닦아 주고, 2일 이상 증상이 나타나면 진료가 필요합니다. 노랗

▲ 결막염

고 끈적한 눈곱이 나타나면 바로 동물병원으로 가야 합니다. 한편, 눈물은 눈 통증의 신호입니다. 화장실을 쓰다가 눈에 모래나 먼지가 들어가서 일시적으로 나타날 수도 있지만, 지속적으로 보인다면 진료를 받습니다.

•• 귓병 ••

하루에 한두 번 귀를 터는 것은 정상적인 행동입니다. 우리가 가끔 머리를 긁는 것과 같지요. 하지만 자주 귀를 털거나 머리를 좌우로 터는 증상을 보이고 귀 입구에 짙은 갈색의 귀지가 보이면 귓병을 의심해야 합니다. 귀 앞쪽이나 부위에 긁힌 상처가 나거나, 귓등에 털이 줄어드는 것은 귀가 심하게 간지럽다는 신호이며, 귀 진드기나 외이염을 의심해 볼 수 있습니다.

•• 탈모 ••

원형으로 털이 빠지는 증상이 나타날 수 있습니다. 흔히 나타나는 부위는 발가락, 발등, 입 주변, 귓등이며, 종종 아랫배나 가슴 부위에 나타나기도 합니다. 전염성 피부질환

인 '피부사상균증(링웜)'일 가능성이 높은데, 피부사상균증(링웜)은 한집에 사는 동물과 사람에게 옮길 수 있으므로 지내는 공간을 분리하고 병원에서 치료를 받아야 합니다.

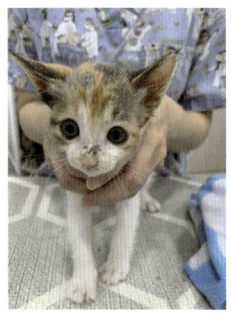 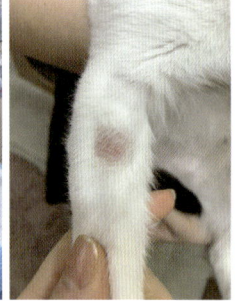 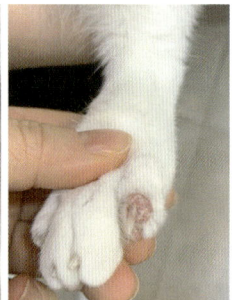

▲ 콧등의 피부사상균증(링웜)　　　▲ 피부사상균증(링웜) 증상

•• 설사, 점액 변 ••

환경이 바뀌거나 사료가 갑자기 바뀌면 무른 변을 볼 수 있습니다. 그래서 처음 데려올 때 먹이던 사료를 그대로 받아오는 것이 좋습니다. 일시적으로 나타나는 식이성 설사와 질병으로 나타나는 설사를 구별하는 데 큰 도움이 되기

▲ 설사

때문입니다. 변의 앞부분은 단단한데 끝 쪽이 물러지면서 점액이나 혈액이 묻어 나오는 경우는 기생충이 원인인 경우가 많으므로 동물병원에서 검사를 받아 보아야 합니다. 심한 설사와 구토가 동시에 나타나면 바이러스성 질환을 의심해 볼 수 있습니다.

 **Key Point**

입양할 때 보호자가 기억해야 할 것 정리

입양처에서 받아올 것	집에서 쓰던 담요, 먹던 사료 약간, 쓰던 화장실 모래 약간, 건강 관련 기록
입양 전 미리 준비할 것	- 작고 낮은 밥그릇, 물그릇 - 25cm x 30cm x 4cm 크기의 플라스틱 통(화장실용) - 기존의 반려동물과 분리할 수 있는 공간(다른 반려동물이 없다면 필요 없음) - 침대, 옷장, 책상 아래를 막아 둘 박스
동물병원에 데려가야 하는 증상	심한 재채기, 노란 콧물, 노랗고 끈적한 눈곱, 눈물, 끝이 물러지는 점액 변, 설사, 구토

🐾 4개월 미만의 고양이가 주의해야 하는 전염성 질환

•• 고양이 범백혈구 감소증(고양이 파보) ••

흔히 '범백'이라고 불리는 고양이 파보 바이러스성 장염(FPV)으로, '고양이 홍역'이라고도 합니다. 파보 바이러스에 걸린 고양이의 분변을 통해 전염되며, 고양이가 접촉한 음식, 그릇, 사람을 통해서 감염될 수 있습니다. 잠복기는 보통 4~7일이고, 길게는 접촉 후 2주 정도에 나타나기도 합니다. 주요 증상은 구토, 설사, 혈변, 식욕 저하이며, 백혈구 수가 급격하게 감소되기 때문에 '범백혈구 감소증'이라는 명칭이 붙었습니다. 예방접종으로 항체를 가지고 있으면 바이러스와 접촉하더라도 가볍게 지나갈 수 있습니다. 예방접종이 완료되지 않은 어린 고양이 시기에 특히 조심해야 하는 질병입니다.

고양이 허피스 바이러스 질환

허피스 바이러스(Herpes virus)에 의해 발생하는 상부 호흡기 질환입니다. 재채기, 눈물, 눈곱, 결막염, 각막염, 식욕부진 등의 증상을 보이며 전염성이 강합니다. 허피스 바이러스는 한 번 감염되면 체내에 지속적으로 잠복하고 있다가, 이사, 목욕, 새로운 동물 입양, 가족의 변화(유학, 분가, 결혼 등)의 스트레스 상황에서 다시 나타날 수 있습니다. 항생제나 항바이러스제의 사용으로 가볍게 넘어가는 편이지만, 어린 고양이의 경우 죽음에 이르기도 합니다.

고양이 칼리시 바이러스 질환

칼리시 바이러스(Calici virus)에 의해 발생하는 상부 호흡기 질환입니다. 구내염을 동반하며, 허피스 바이러스와 같이 가장 흔한 호흡기 질환 중 하나입니다. 재채기, 코막힘, 눈물, 콧물, 구내의 궤양이 나타나고, 다리를 저는 증상이 나타나는 경우도 있습니다. 증상이 지나가더라도 보균자가 되어 장기간 바이러스를 퍼뜨리기도 합니다. 칼리시 바이러스는 보통 가볍게 지나가지만, 전신질환을 유발하는 균주에 걸린 경우에는 고열과 황달, 장기 부전으로 사망에 이릅니다.

고양이 바이러스성 백혈병

고양이 백혈병 바이러스(Feline Leukemia virus)에 의한 질병입니다. 감염된 고양이의 타액이나 콧물 등에 접촉하여 걸리게 됩니다. 병의 진행 양상이 다양하고 바이러스에 감염되어 있는 상황에서도 검출이 어려운 시기가 있어서 진단이 쉽지 않습니다. 빨리 발견하여 잘 치료되면 긴 시간 건강한 삶을 유지할 수 있습니다. 다만, 회복 후에도 바이러스가 체내에 남아 있을 수 있으므로 지속적으로 관리해야 하고 다른 고양이와의 접촉을 피해야 합니다.

고양이 전염성 복막염

코로나 바이러스가 고양이 체내에서 변이를 일으켜서 발생하게 되는 치명적인 질병입니다. 코로나 바이러스 자체는 고양이에게 치명적인 바이러스는 아니지만, 변이를 일으키면 사망률이 높은 전신질환이 되며, 변이의 원인은 아직 명확하게 밝혀지지 않았습니다. 2살 미만의 어린 고양이에게 주로 발생하지만, 중년 이상의 고양이에게 갑자기 나타나는 경우도 있어서 긴장을 늦출 수 없습니다. 열, 구토, 설사, 빈혈, 식욕 저하, 수면 증가, 복수, 흉수 등의 증상이 마구잡이로 나타납니다.

원충성 질환

다수의 고양이가 모이는 곳이나 오염된 물을 통해 전파되는 질병입니다. 무증상에서부터 면역 저하까지 다양한 범위의 증상을 보입니다. 성묘가 되면 강해진 면역력으로 스스로 이겨내기도 합니다. 어릴 때는 설사를 일으키고 면역력을 떨어뜨려 다른 질병에 취약하게 만들 수 있으므로 미리 검사해서 치료하는 것이 좋습니다.

기생충성 질환

회충, 십이지장충, 촌충 등의 기생충성 질환은 구조된 고양이에서서 흔하지만, 분양처에서 전염되는 경우도 종종 볼 수 있습니다. 이 질환은 구충제로 쉽게 치료됩니다.

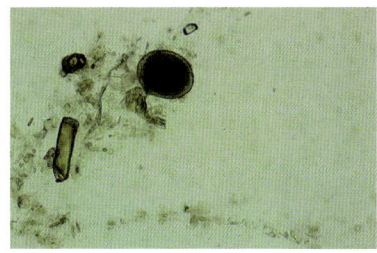
▲ 기생충

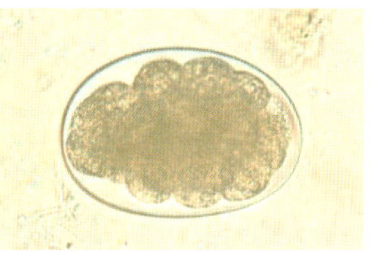
▲ 기생충 충란

 **수의사의 에세이**

입양 후 2주 내외의 고양이

익숙한 가족에게서 떨어져서 새로운 공간에 온 '까망이'는 제가 집을 비울 때는 자기 몸에 꼭 맞는 공간을 찾아 기어들어 갔습니다. 옷 주머니나 침대 아래 상자들 사이가 제일 선호하는 장소였습니다. 그래서 일부러 주머니가 큰 옷을 던져 두거나 침대 아래에 기어들어 갈 수 있도록 상자를 눕혀 두었습니다. 집에 익숙해지고 나서는 침대 위 이불 사이가 제일 좋아하는 자리가 되었습니다. 어려서부터 점프력이 좋아서 침대 위로 잘 올라갔고, 성묘용 화장실에도 잘 기어 올라갔습니다.

뒷다리가 부러졌던 '간장이'와 '빠다'는 한동안 뛰어오를 수가 없었기 때문에 작은 화장실이 필요했습니다. 길이 30cm에 높이 3~4cm 정도 되는 반찬용 밀폐용기가 딱 적당한 사이즈였습니다. 다 큰 고양이는 들어갈 수 없는 크기라서 여러모로 편리했어요. 움직이기 어려워하는 아이들이 쉽게 용변을 볼 수 있도록 해 주려고, 푹신한 이불 위에 잡아 둔 잠자리 바로 옆에 화장실을 놓아 주었습니다.

간장이와 빠다는 충분히 자라고 나자, 알아서 까망이 형의 화장실을 쓰기 시작했습니다. 다른 고양이와 화장실을 공유하는 걸 질색하는 까망이를 위해 접근하기 어려운 곳에 화장실을 하나 더 마련했습니다. 아플 때 이불 위 화장실을 썼던 기억 때문인지 간장이는 커서도 가끔 이불에 소변 실수를 할 때가 있었습니다. 처음엔 어이가 없었는데, 나중에 간장이는 몸이 아프거나 컨디션이 안 좋으면 이불 위에 소변을 본다는 걸 깨달았습니다. 아프다는 표현을 알아서 잘 전달해 주는 아주 똑똑한 고양이였죠. 이후에 온 아이들도 짧은 다리에 맞는 간이 화장실을 잘 사용하다가, 때가 되면 알아서 일반 화장실로 옮겨 가더군요. 다른 고양이들이 사용하는 모습을 보고 배우는 것 같아요.

빠다는 회충 중감염이어서 변에서 회충이 나왔어요. 의외로 고양이는 기생충 감염이 있는 경우가 흔합니다. 이 경우에는 종이 박스를 4cm 높이로 자르고, 바닥에 비닐을 깔고 모래를 부어서 화장실로 사용하면 이후에 손쉽게 버릴 수 있어요.

눈도 못 뜨고 인공 포유를 시작한 '짹콩이'는 따뜻한 엄마 품을 찾아서 항상 짹짹거리고 있었어요. 하루 종일 짹콩이를 안고 있을 수는 없어서, 20cm 크기의 곰 인형을 사서 분유 가루를 묻혀서 넣어 주었더니, 곰 인형에 기대서 편하게 잠이 들었습니다.

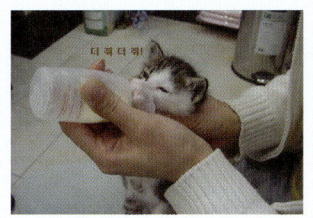

▲ 짹콩이 인공 포유하는 중

저는 임상수의사니까 새로 고양이를 들이게 될 때 동물병원에 두고 얼마간 관찰한 후 데려올 수 있어서, 고양이에게 피부사상균증(링웜)이나 바이러스성 질병 같은 전염성 질환이 나타나는지 관찰할 시간적 여유를 가질 수 있었어요. 운 좋게도 전염되는 질환이 있는 아이는 없었지만요.

Chapter 2

예방접종 시기

8주~24주 사이

01. 예방접종하기
02. 8주~24주에 해야 하는 기본 교육
03. 고양이 사회화
04. 사람과 소통하는 법
05. 예방접종 시기에 자주 보이는 질환 및 대처법

01 예방접종하기

이제 고양이가 이 공간을 집으로 인식하기 시작했을 시기입니다. 보호자도 우리 고양이가 언제 자고, 언제 배고파하고, 언제 화장실에 가는지 파악하기 시작했을 때이기도 합니다.

이 시기의 고양이는 빠른 속도로 자랍니다. 고양이의 품종과 영양 상태에 따라 차이가 있지만, 대표 품종인 코리안 숏헤어를 기준으로 대개 1주일에 100g씩 체중이 증가합니다. 대형 품종이면 더 많이 증가할 것이고 소형 품종이면 더 적게 증가할 테니, 숫자에 너무 매달리지 않도록 하세요. 이 시기에 고양이의 신경망은 엄청난 속도로 증가하며 연결되고 있으며, 이때 배운 경험과 기억으로 평생을 살아가게 됩니다. 이 시기에 다양한 동물을 접촉하고 다양한 연령대의 사람을 만나면서 사회성이 높아집니다.

🐾 동물병원에 데려가기

•• 동물병원을 선택하는 법 ••

우리 고양이를 위한 동물병원을 선택할 때 첫 번째 고려 사항은 집에서의 거리와 교통입니다. 병원으로의 이동 시간이 짧은 것이 당연히 좋습니다.

두 번째 고려 사항은 동물병원과 담당 수의사가 보호자의 마음에 드는가입니다. 많은 보호자들이 고양이 진료를 잘 보는 병원을 찾습니다. 물론 진료를 잘 보는 것은 너무나 중요하지만, 보호자들이 수의사의 진료 기술을 제대로 파악하기는 어려워서 결국에는 인터넷 댓글이나 추천 글에 의존하게 됩니다. '어떤 수의사가 가장 좋은가?'라는 질문에 저는 '보호자가 얘기하기 편하고 신뢰가 가는 수의사'라고 답합니다. 그래야 동물병원에 가는 것이 마음 불편하지 않고, 동물병원에 가서도 수의사와 편하게 의논할 수 있습니다. 고양이는 직접 질병을 호소하지 못하기 때문에 보호자와 수의사가 긴밀하게 협조하는 것이 중요합니다. 보호자가 불편감으로 인해 동물병원에 가는 것을 꺼려서 동물병원 방문을 미루다가 치료가 늦어지는 경우를 종종 보게 됩니다. 그러므로 보호자에게는 참새가 방앗간 가듯 드나들기 편한 동물병원이 제일 좋습니다.

마지막 고려 사항은 수의사와 병원 스태프가 고양이 핸들링에 능숙한지, 예약 진료가 가능한지, 대기 공간이 분리되어 조용한지 등입니다.

•• 동물병원에 데려갈 때 보호자의 행동 요령 ••

동물병원은 반려동물과 보호자에게 있어 떼려야 뗄 수 없는 공간이자 웬만하면 피하고 싶은 공간인 것 같습니다. 게다가 동물병원에서 고양이가 겪어야 하는 과정에 기분 좋은 일이라고는 없습니다. 그런 경험이 여러 번 쌓이면 동물병원 방문이 당연히 너무 괴로운 일이 됩니다. 고양이가 어릴 때부터 예방접종을 위해 동물병원에 가는 과정이 불쾌한 경험이 되지 않도록 노력해야 합니다.

동물병원에 갈 때 중요한 첫 단계는 보호자가 편안한 마음을 갖는 것입니다. 보호자가 긴장하게 되면 발산되는 스트레스 호르몬을 고양이가 느끼게 됩니다. 무슨 일인지 모르겠지만 보호자가 기분이 좋지 않으니 고양이도 일단 긴장하고 봅니다. 그러므로 동물병원에 갈 때는 보호자의 안정된 감정이 중요합니다.

미리 동물병원에 예약을 하고 병원에 도착하자마자 바로 진료를 보는 것이 좋습니다. 대기실에서 기다리는 동안 동물병원에 드나드는 다른 동물들의 소리나 냄새에 자극을 받기 때문입니다. 그 외에도 동물병원에서 발생하는 생활 소음, 검사장비 소리, 병원 냄새 등 청각과 후각을 자극하는 요인들에 노출되는 시간을 줄여 주어야 합니다.

동물병원을 갈 계획일 때는 공복인 상태가 좋습니다. 항상 꺼내 놓는 이동장에 맛있는 간식을 넣어 놓거나 장난감같이 호기심을 자극하는 물건을 넣어서 고양이가 스스로 들어가도록 합니다. 단, 건강검진이나 수술을 위해 병원을 가는 경우에는 금식해야 하므로 간식을 주면 안 됩니다. 외출에 아주 익숙한 고양이가 아니면 대개 담요나 수건으로 이동장을 덮어 주는 것이 좋습니다.

동물병원에서 고양이의 이름을 부르며 안심시키려고 노력하는 경우가 많은데, 별로 도움이 되지 않습니다. 보호자는 고양이를 쓰다듬거나 눈을 들여다보지 말고, 차분하게 기다리세요. 만약 고양이가 불안해하면서 보호자에게 호소하는 울음소리를 낸다면 차분한 목소리로 달래 주어도 됩니다.

진료 시에 고양이가 수의사나 병원 직원에게 하악질하는 경우도 있고, 구석으로 기어 들어 가거나 뛰어오르는 경우도 있습니다. 이럴 때 보호자들은 몹시 당황하며 고양이를 붙잡으려 허둥대고 큰 목소리로 이름을 불러댑니다. 고양이가 수의사를 다치게 할까 봐 걱정되고, 우리 고양이가 다칠까 봐 무섭고, 의젓하게 진료받지 못하는 모습이 창피하기도 합니다. 그러나 고양이의 이런 반응은 흔한 것이고, 동물병원에서도 이미 예상하고 있습니다. 그러니 보호자가 흥분하지 않고 침착하게 지켜봐 주는 것이 제일 좋은 대응 방법입니다.

진료가 끝나고 집에 돌아와서는 한동안 혼자 쉬도록 내버려두어야 합니다. 달래기 위해서 옆에 붙어 있거나 간식을 주지 마세요. 집에 다른 고양이가 있는 경우에 동물병원에서 묻은 냄새 때문에 서로 투닥거리는 경우가 있습니다. 집에 도착하자마자 바로 만나게 하지 말고, 작은 방에 잠시 혼자 두고 집에 있는 잠자리나 담요로 온몸을 문질러 냄새를 섞어 준 후 만나게 해야 합니다.

🐾 일반적인 예방접종 스케줄

여러 질환 중에서 바이러스에 의해 전염되는 질환을 막기 위해 예방접종을 합니다. 예방접종의 부작용이 무서워서 혹은 우리 고양이는 집 밖으로 나가지 않을 거라서 예방접종을 하지 않겠다는 보호자들도 있습니다. 하지만 예방접종의 부작용을 무시해서가 아니라 부작용보다는 이득이 더 크다고 판단하기 때문에 접종을 권고하는 것입니다. 고양이는 집 밖에 나가지 않을 수 있지만, 보호자는 외출하게 되고 외부로부터의 유입물이 들어오는 것을 완전히 차단할 수 없습니다. 새로운 곳으로 이사를 하면서 병원체에 노출되는 일도 실제로 일어납니다.

예방접종은 항상 이득과 위험을 저울질하며 결정하게 됩니다. 정해진 일자에 맞춰 접종에 들어가는 것이 원칙이지만, 고양이의 컨디션이 좋지 않거나 여행이나 친척 방문 등

예정된 일이 있다면 수의사와 의논하여 예방접종 일정을 조정해야 합니다. 전염성 질환의 유행성은 지역마다 차이를 보이고 있으므로 예방접종의 형태나 접종 횟수를 결정할 때는 '미국이나 유럽에서는 이렇게 한다더라.'라며 유행을 좇듯 무조건 따라 하는 것이 아닙니다.

세계소동물수의협회(WASAVA)의 예방접종 가이드라인 협회(VGG)에서는 몇 년마다 새로 발견된 사실들을 고려하여 가이드라인을 업데이트하고 있습니다. 최근의 예방접종 동향은 각 동물의 출생 배경, 건강과 영양, 발육 상태, 그 지역의 전염병 발생 상황, 현재 질병의 유무 등에 따라 개별적으로 조절하고 맞춤형으로 진행하는 것입니다. 대체적인 접종 스케줄은 아래와 같습니다.

▶ 필수 접종 권고안(미국고양이임상가협회, 세계소동물임상학회, 유럽소동물임상협회)

백신 종류	기초 접종 (16주령 미만)	기초 접종 (16주령 이상)	보강 접종
고양이 파보 바이러스	- 6~8개월령에 접종을 시작 - 16주령에 도달할 때까지 3, 4주마다 한 번씩 접송	- 3, 4주 간격을 두고 2회 접종	- 마지막 기초 접종으로부터 1년 뒤 접종 - 이후 3년마다 보강 접종
고양이 허피스 바이러스, 고양이 칼리시 바이러스	- 6~8개월령에 접종을 시작 - 16주령에 도달할 때까지 3, 4주마다 한 번씩 접종	- 3, 4주 간격을 두고 2회 접종	- 마지막 기초 접종으로부터 1년 뒤 접종 - 이후 3년마다 보강 접종 (위험군은 매년 접종할 것)
광견병	- 12주령 이상일 때 접종	- 1년 간격을 두고 2회 접종	- 거주 지역의 법령에 따름

▶ 선택 접종 권고안(미국고양이임상가협회, 세계소동물임상학회, 유럽소동물임상협회)

백신 종류	기초 접종 (16주령 미만)	기초 접종 (16주령 이상)	보강 접종
고양이 백혈병 바이러스 (바이러스 검사 후 접종)	- 8주령 이후에 첫 접종 - 3, 4주 후 2차 접종	- 3, 4주 간격으로 2회 접종	- 마지막 접종 1년 후 접종(감염 위험성이 있는 경우 매년 보강 접종)
고양이 면역 결핍 바이러스(접종을 추천하지 않음)	- 8주령 이후에 첫 접종 - 2, 3주 간격으로 2회 더 접종	- 2, 3주 간격으로 3회 접종	- 마지막 접종 1년 후 접종(감염 위험성이 있는 경우 매년 보강 접종)
고양이 복막염 바이러스 (접종을 추천하지 않음)	- 16주령 이후에 1차 접종 - 3, 4주 후 2차 접종	- 3, 4주 간격으로 2회 접종	- 백신 제조사에서 매년 추가 접종을 권고함
클라마이도필라	- 9주령 이상에서 1차 접종 - 3, 4주 후 2차 접종	- 3, 4주 간격으로 2회 접종	- 감염 위험성이 있는 경우 매년 보강 접종
보르데텔라	- 8주령 이상에서 1회 접종	- 1회 접종	- 감염 위험성이 있는 경우 매년 보강 접종

예방접종은 크게 필수 접종(코어 백신, Core vaccine)과 선택 접종(논코어 백신, Non-core vaccine)으로 나누어집니다. 그리고 국가별로 법정 필수 접종이 있습니다. 필수 접종은 전 세계의 대륙에서 모두 발생하는 주요 전염병으로, 국제기구에서 반드시 맞도록 권고하는 접종입니다. 선택 접종은 지역별로 해당 질병의 발생률이 달라서, 지역의 상황에 맞춰서 접종 여부와 스케줄을 조정하도록 권고하고 있는 접종입니다.

동물과 사람 사이에 전파될 수 있는 인수 공통 전염병에 대해서는 국가에서 법률로 접종을 정해 놓고 있습니다. 대표적인 예로 광견병 예방접종은 우리나라를 포함해 세계 모든 나라에서 법정 필수 접종으로 정해져 있습니다. 법정 전염병에 대한 백신은 동물에게 필요가 있느냐 없느냐 하는 관점이 아니고, 사람으로의 전염을 막기 위해 법적으로 정해져 있는 것이라 예방접종을 받지 않으면 입국, 출국, 여행이 불가능하며, 사고가 생겼을 때 불이익을 받을 수 있습니다. 국가별로 법정 필수 접종이 다르기 때문에 고양이를 데리고 외국에 나갈 때는 미리 확인하도록 합시다.

보호자가 알면 좋은 예방접종 지식

예방접종 전 전염병 키트 검사를 하는 이유

예방접종은 바이러스를 아주 약하게 만들거나 바이러스의 일부를 체내에 주입해서 고양이의 면역계가 바이러스에 대한 항체를 미리 만들어 두도록 하는 것입니다. 고양이의 체력과 면역력이 약화되어 있다면 오히려 문제를 일으킬 수 있는 것이죠. 이미 바이러스에 감염되어 있는데 증상이 미약한 초기인 경우 또는 고양이 바이러스성 백혈병(FeLV) 같이 면역계를 약화시키는 질병에 이미 감염되어 있는 경우라면 예방접종이 오히려 해가 됩니다. 이런 경우를 피하기 위해 예방접종 전 전염병 키트 검사가 필요합니다.

기초 예방접종 후 항체 검사를 하는 이유

백신에 대한 면역 반응은 각 고양이의 면역력, 체력, 영양 상태, 어미 고양이에게서 물려받은 모체외 항체량 등에 따라 달라집니다. 이러한 기본 사항들을 세세하게 따져서 첫 번째 예방접종에 들어갈 시기를 잡는 것이 백신의 효과를 최대화하는 방법입니다. 그렇게 세세하게 고려하여 접종 시기를 잡는다 하더라도, 각 고양이의 면역계 반응을 완벽하게 예측할 수는 없습니다. 같은 어미 고양이에게서 동시에 태어난 동배 새끼 고양이 2마리가 같은 집에 입양되어 똑같이 예방접종을 받았지만, 항체 검사 결과는 다르게 나타날 수 있습니다. 그래서 기초 접종이 완료된 후 항체가 충분히 생성되었는지 혈액검사로 확인하고, 필요하다면 추가 접종을 맞는 것을 추천합니다.

 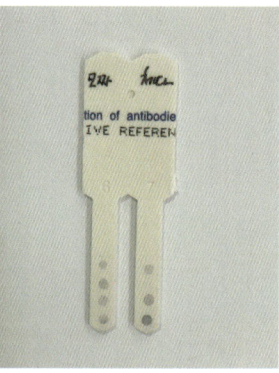

▲ 항체 검사 스틱 사진: 모찌와 체다는 동배 새끼 고양이로 태어나 똑같이 예방접종을 받았지만, 항체 검사 결과가 다르게 나타났다.

02
8주~24주에 해야 하는 기본 교육

🐾 이동장 교육(2단계)

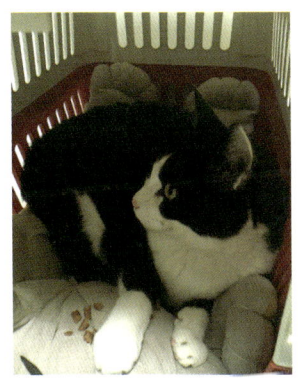

입양할 때 사용했던 이동장을 한구석에 두고 이동장 안에서 사료를 먹는 것으로 적응기 때 이동장 교육(1단계)을 시작했습니다. 만약 고양이를 데려올 때 이동장을 준비하지 못했다면 이후에 준비해도 됩니다.

고양이의 생활 요소에는 '숨숨집'이 필요한데, 이동장을 숨숨집으로 쓸 수 있습니다. 숨숨집은 고양이가 원할 때 혼자 있을 수 있는 공간으로, 사방이 막혀 있어야 하며 몸에 잘 맞는 크기인 것이 좋습니다. 이동장은 성묘가 된 후에도 사용해야 하므로 어린 고양이의 숨숨집으로는 너무 넓을 수도 있습니다. 그럴 때는 어린 고양이의 몸 크기에 맞는 박스를 이동장 안에 넣어서 '집 속의 집'을 만들어 주면, 고양이가 안정감을 느낄 수 있습니다.

고양이가 이동장에 들어가 있는 것에 편안함을 느끼는 단계가 되면, 이동장 문을 닫고 10분 정도 기다려 봅니다. 고양이가 나오려고 하면 그때 문을 열어 줍니다. 고양이가 당황하지 않는 선에서 조금씩 시간을 늘려 갑니다.

🐾 핸들링 교육

핸들링 교육은 보호자가 고양이의 몸 전체 어느 부위든 살펴보고 만져 볼 수 있도록 하는 교육입니다. 고양이는 보호자의 손길을 편안하게 받아들여야 합니다. 거부감 없이 몸을 만져 볼 수 있어야 신체의 변화를 확인하거나 위생 관리를 하는 데 어려움이 없습니다. 핸들링 교육의 시작은 고양이가 어리면 어릴수록 좋습니다. 새집에 와서 더 이상 숨거나 낯설어하지 않으면 핸들링 교육을 시작합니다.

▶ **핸들링 교육 단계**

- **1단계**: 고양이가 편하게 쉬고 있을 때 천천히 다가가 턱 아랫부분을 쓰다듬고 등 부분을 아주 가볍고 부드럽게 쓰다듬습니다. 만약 고양이가 일어나서 가 버린다면 따라가지 말고 그냥 두세요.
- **2단계**: 고양이가 쓰다듬는 손길을 거부하지 않고 있다면 어깨뼈 부분을 부드럽게 만져 보고 머리 위를 만져 봅니다.
- **3단계**: 귀 끝을 부드럽게 잡아 봅니다. 가능하다면 귀를 가볍게 젖혀 보세요.
- **4단계**: 감고 있는 눈 주변을 엄지손가락으로 가볍게 누르고 문질러 봅니다.
- **5단계**: 콧등을 쓸어 주고, 입술 선을 따라 만져 줍니다.
- **6단계**: 꼬리를 부드럽게 쓰다듬고 꼬리 뼈마디를 하나씩 만져 봅니다.
- **7단계**: 꼬리를 살짝 들어 올려서 항문 주변을 가볍게 토닥여 줍니다.

- **8단계**: 다리를 몸통에서부터 천천히 만지면서 내려가서 발을 가볍게 쥐어 봅니다. 발바닥 젤리를 부드럽게 눌러서 발톱이 나오도록 눌러 봅니다.
- **9단계**: 고양이를 눕힐 수 있도록 뒹굴려 보세요.
- **10단계**: 과일을 쥐듯이 고양이의 흉곽 부위를 부드럽게 잡습니다. 보호자의 각 손가락 끝이 양쪽 겨드랑이 아래 부위에 있고, 보호자의 손바닥이 고양이 가슴 가운데에 위치합니다. 살짝 손가락에 힘을 주면 심장이 뛰는 것을 느낄 수 있습니다.
- **11단계**: 배 부분을 천천히 쓰다듬고, 거부감을 보이지 않으면 가볍게 눌러 봅니다.

이 모든 단계는 아주 천천히 진행되어야 합니다. 각각의 단계에서 고양이가 싫어하거나 가 버리면 그날은 중단합니다. 포기하라는 것이 아니고, 고양이에게 서서히 익숙해질 시간을 주어야 한다는 얘기입니다. 가볍게 쓰다듬는 것으로 시작해서, 가볍게 손에 쥐는 단계로 점차 나아가고, 이후 고양이의 몸을 부드럽게 눌러 볼 수 있도록 천천히 핸들링 교육을 하도록 합니다.

🐾 발톱 정리 교육

고양이는 스스로 발톱을 관리할 줄 알기 때문에 건강상의 문제로 발톱을 깎아 줄 필요는 없습니다. 발톱 정리는 실수로 사람이 다치게 되거나 가구, 벽지를 손상시키는 것을 막는 용도로 관리해 주는 것이죠. 그러나 고양이가 나이가 들면 관절염이 생기고 감각이 떨어지면서 발톱 관리를 스스로 못 하게 됩니다. 이때 발톱을 갈지 못

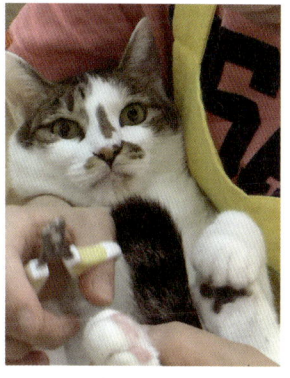

▲ 발톱 정리 교육 중

해서 두꺼워지면 구부러진 발톱이 발바닥을 파고들어 통증과 염증을 유발합니다. 노령묘는 발톱을 주기적으로 관리해 주어야 하는데, 어릴 때부터 발톱을 깎는 교육이 되어 있지 않으면 나이가 들어 체력은 약하고 만성통증이 있는 상태에서 억지로 붙잡고 발톱을 깎느라 무리하게 됩니다.

핸들링 교육을 하면서 발톱을 깎는 것을 시도하도록 합니다. 하루에 모든 발톱을 다 깎으려고 하지 말고 한 번에 한두 개만 깎으면서 익숙해지도록 하세요. 고양이의 발톱 정리 교육과 같은 습관 들이기 교육의 포인트는 서두르지도, 포기하지도 말고 천천히 익숙해질 시간을 주는 것입니다. 보호자의 인내심과 꾸준함이 무엇보다 중요합니다.

🐾 치아 관리 교육

고양이는 5~6개월령에 이갈이를 합니다. 유치가 다 빠지고 영구치가 나오게 되지요. 영구치가 나오기 전에는 칫솔질이 필요 없습니다. 그러나 어릴 때부터 치아 관리 습관을 들이지 않으면 나중에는 거부가 심해져서 관리가 어려워집니다.

처음에는 치약을 소량 짜서 핥아먹도록 합니다. 동물용 치약은 불소 성분이 없어서 삼켜도 됩니다. 양치질이 더 쉽도록 치약에 고기 맛이 첨가되어 있어 간식처럼 착각하게 됩니다. 고양이가 치약을 간식이라고 생각하고 먹는 것을 좋아한다면 절반은 성공입니다.

이제 손가락에 치약을 묻혀 치아와 잇몸에 발라 주는 연습을 시작합니다. 핸들링 교육과 마찬가지로 이 교육도 강압적으로 해서는 안 되며 가볍게 장난을 치듯이 익숙해지도록 해야 합니다. 고양이가 거부감을 보이면 일단 물러서고, 다음에 다시 시도합니다. 포기하지 않고 꾸준히 시도해서 점차 익숙해질 시간을 줍시다. 손가락에 충분히 익숙해졌다면 손가락 대신 칫솔을 씁니다. 칫솔을 통해 치약을 핥아먹는 것에 충분히 익숙해지면 칫솔로 치아와 잇몸을 문질러 주는 단계로 넘어갑니다.

고양이의 치아 관리에서 가장 중요한 점은 욕심을 내려놓는 것입니다. 사람의 양치질처럼 치아의 안쪽과 어금니 뒤쪽까지 꼼꼼하게 닦아내기는 어렵습니다. 고양이의 입이 짧고 치아가 작아서 그렇게 욕심을 내면 통증을 느끼고 싫어하게 됩니다. 송곳니와 윗쪽 어금니는 반드시 닦아 주고, 나머지는 잇몸을 대충 닦아 주는 정도로 타협하는 것이 좋습니다. 고양이가 칫솔을 씹는 것도 괜찮습니다. 마찰이 되면서 찌꺼기들이 떨어질 수 있습니다. 고양이의 치아를 얼마나 깨끗하게 닦아 주느냐보다 고양이가 양치하는 시간을 싫어하지 않고 보호자와 하는 놀이 정도로 생각하게 만드는 것이 훨씬 중요합니다.

올바른 놀이 교육

고양이에게 놀이는 곧 사냥입니다. 고양이는 사냥하지 못하면 생존할 수 없기 때문에 어릴 때부터 본능적으로 사냥 행동을 연습하고, 어미 고양이도 어릴 때부터 사냥 교육을 합니다. 새끼 고양이는 필연적으로 보호자의 손이나 발을 쫓아다니며 물고 할퀴는 행동을 합니다. 어미 고양이와 형제 고양이들과 자라면서 이런 장난을 하게 되는데, 이때 어미 고양이는 굉장히 엄격히 야단을 칩니다. 물어뜯을 때는 재미있지만 물릴 때는 아프고 결국 형제간의 놀이는 중단되어 버립니다. 이 과정을 통해 새끼 고양이는 가까이에 있는 친한 존재를 심하게 물거나 할퀴면 안 된다는 것을 배우게 됩니다. 현재는 어미도 형제도 없이 보호자와 살게 되었으니, 이 교육은 보호자가 맡아야만 합니다.

어떤 경우에도 고양이가 보호자를 깨무는 행동은 용납되어서는 안 됩니다. "아야! 아파!" 또는 "안 돼!"라고 단호하게 말하고 다른 공간으로 1분 정도 피해 있도록 합니다. 그리고 장난감을 가지고 돌아가서 사냥 놀이를 해 줍니다. 고양이는 보호자가 떠나 버리는 것을 원하는 것이 아니므로, 보호자를 무는 행동을 하면 놀이가 중단된다는 것을 깨닫게 됩니다.

　고양이는 하루에 30~60분 정도의 놀이가 필요하고, 특히 어린 고양이 시절에는 더 에너지가 넘칩니다. 놀이는 사냥이고 사냥이 끝나면 사냥감을 배불리 먹는 것이 자연적으로 정해진 순서여서, 놀이가 끝나면 간식이나 사료를 먹게 함으로써 욕구를 충족시켜 줍니다. 고양이에게 예절을 가르치는 것은 중요하지만, 고양이의 기본 욕구를 충족시켜 주지 않으면서 하면 안 되는 것만 늘어놓으면 곤란하겠죠? 놀이 욕구와 에너지를 충분히 발산하게 해 주어야 고양이도 우리가 원하는 것을 하기가 쉬워집니다.

03
고양이 사회화

🐾 고양이의 사회성이란 무엇일까?

고양이가 처음 보는 사람에게 가서 친밀감을 보이거나, 다른 고양이에게 항상 친절하게 굴어야만 하는 것은 아닙니다. 어떤 상황을 마주하더라도 심한 스트레스를 받지 않고, 공격성을 보이지 않으며, 자기의 페이스를 지키는 정도면 충분합니다. 이럴 때 하는 다양한 경험이 고양이의 두려움을 줄여 줄 수 있지만, 성격이나 기질 자체를 완전히 바꿔 주는 것은 아닙니다. 고양이의 사회적 특성은 8주령까지 결정됩니다. 그러니까 이 시점에 이미 고양이들의 성향은 어느 정도 정해진 것이죠.

고양이의 사회적 성향은 사람을 좋아하는 고양이, 고양이를 좋아하는 고양이, 혼자 지내는 것을 더 좋아하는 고양이, 사람과 고양이에 모두 친화적인 고양이로 나눌 수 있습니다. 이러한 성격들은 타고나는 부분, 태어나자마자 어미 고양이에게서 받는 생애 초기 교육, 경험이 합쳐져서 형성됩니다. 그래서 성향이 형성된 이후에는 보호자의 노력과 환경 조성으로 좀 더 넓혀 줄 수 있을 뿐, 다른 성향으로 바꿀 수는 없습니다. 그러므로 보호자들이 고양이에 대해 가지고 있는 기대가 있을 수 있겠지만, 고양이의 성향을 잘 파악해서 거기에 맞춰서 키우는 것이 바람직합니다.

🐾 보호자와의 신뢰 쌓기

고양이 성장기에 가장 중요한 과제는 신뢰를 쌓는 것입니다. 고양이와 함께 살고 있고, 보호자에게 장난도 치고, 보호자 옆에서 잔다고 해서 신뢰를 얻었다고 단정할 수 없습니다. 고양이는 자신에게 필요한 자원(먹이, 물, 그 외의 생활 자원)이 보호자에게서 나온다는 사실을 분명하게 알고 있어야 합니다. 고양이가 어릴 때는 자율 급식보다 제한 급식(정해진 시간에 정해진 양만 주는 것)을 더 추천하는 것도 이런 이유입니다. 배가 고플 때, 목이 마를 때, 보호자에게 호소하여 자원을 얻게 될 때 어린 고양이의 보호자에 대한 신뢰는 높아지게 됩니다. 고양이를 괴롭혀서 보호자에게 의존하도록 하라는 뜻이 아닙니다. 필요한 자원이 항상 주변에 널려 있게 되면 보호자에 대한 필요를 별로 느끼지 못할 수 있다는 뜻입니다.

신뢰를 얻는 데 중요한 또 한 가지는 '고양이가 싫어하는 일을 억지로 하게 하지 않는 것'입니다. 호기심이 최대치로 올라와 있는 어린 고양이는 집 안을 구석구석 탐험하며 본인이 어느 정도까지 기어 올라갈 수 있을지, 어디까지 들어가 볼 수 있을지 시도해 봅니다. 보호자는 이 연약한 존재가 너무나 걱정된 나머지, 고양이를 뒤쫓아 다니면서 높은 곳에서 끌어 내리고 가구 아래서 잡아당겨 꺼내기도 합니다. 하지만 보호자는 고양이에게 위험하다고 판단되는 곳은 미리 막아 놓고, 고양이가 마음껏 돌아다닐 수 있도록 참견하지 않아야 합니다.

지나친 위생 관리도 고양이가 사람의 손길을 거부하게 만드는 요소 중 하나입니다. 고양이에게 위생 관리를 위한 습관을 들이는 것은 중요하지만, 급한 마음에 욕심을 부려서 억지로 하게 되면 대부분 실패하게 됩니다. 매일 조금씩 익숙해질 수 있도록 고양이와 밀당을 잘하는 것이 요령입니다. 고양이가 허용해 주는 선까지 하고, 조금 더 시도했을 때 거부감을 보인다면 다시 물러서야 합니다. 물론 절대 포기하면 안 되죠. 매일매일 꾸준히 조금씩 전진하는 방식으로 서서히 익숙해지도록 진행합니다. 보호자의 인내심이 중요합니다.

고양이에게는 사람과 같이 놀고 싶을 때가 있고, 혼자 자기의 생활을 하고 싶을 때가 있습니다. 고양이의 프라이버시를 존중해 주어야 합니다. 가족 구성원의 수가 많은 가정에 입양된 고양이가 신경질적인 성격이 되는 것을 종종 보게 됩니다. 고양이가 너무 귀여워서 외출하고 돌아와서 껴안고 쓰다듬는데, 사람에게는 하루 한 번이지만 고양이의 입장에서는 하루에도 가족 수만큼 여러 번 당하는 셈이라 '사람은 매우 귀찮은 존재구나.'라고 생각할 수밖에 없습니다. 애정을 표현하는 것조차도 고양이의 기분이나 분위기를 파악해서 허락되는 때에 해야 한다는 것이 고양이 보호자의 숙명입니다.

🐾 사회화 교육의 중요성

'우리 고양이는 별로 밖에 나갈 일 없이 집 안에서만 지낼 건데, 굳이 사회화가 필요할까?'라고 생각하기 쉽습니다. 고양이의 사회화 교육이란 사교성을 기르라는 것이 아닙니다. 인간의 세상에서 같이 살면서 마주칠 수 있는 다양한 상황에 대해 고양이가 당황하거나 두려움을 느끼지 않고 살아가기 위한 과정입니다.

고양이는 인간과 함께 살아가면서 다른 동물과 마주치게 되고 집 밖에서 나는 다양한 소리를 경험하게 됩니다. 또 이사한 집이나 병원, 호텔 같은 낯선 공간으로의 적응이 필요하고 집으로 방문하는 다른 사람을 만나게 됩니다. 우리는 이러한 상황에서 구석에 숨어서 나오지 않고 벌벌 떠는 고양이의 모습에 더 익숙하기도 해서, 이것이 고양이에게 얼마나 힘든 삶인지 잘 인지하지 못합니다. 이런 고양이들은 공황장애에 시달리는 사람과 다를 바 없습니다. 우리가 당연히 경험하게 되는 많은 상황에서 죽을 것 같은 두려움을 느끼며 부들부들 떠는 사람을 생각해 보세요. 그러면 고양이가 직면하고 있는 두려운 세상이 어떤 것인지 상상해 볼 수 있을 것입니다.

보호자는 어린 고양이가 다양한 경험을 할 수 있도록 함께 데리고 다니며 여러 사람을 만나게 하고, 여러 상황을 접할 수 있는 기회를 제공해야 합니다. 이때 교육용 간식이 항상 같이 해야 하겠죠. 옆에서 느긋한 태도로 지켜봐 주는 것도 필요하고요. 고양이가 다른 사람이나 낯선 상황을 즐겨야 하는 건 아닙니다. 그저 이런 상황에서도 '나는 괜찮다. 크게 문제없고 안전하다.'라는 인식을 갖게 하는 것이 요점입니다. 고양이는 어렸을 때의 경험치로 일생을 살아간다는 사실을 잊지 마세요.

04
사람과 소통하는 법

🐾 이름 부르기 교육

   옛날 사람들은 흔히 고양이는 이름을 알아듣지 못한다고 했었습니다. 이름을 불러도 못 알아듣고 오지 않는다고요. 하지만 아시다시피 고양이는 자기를 부르는 소리를 잘 알아듣습니다. 알아들어도 무시할 뿐이지요. 고양이의 이름을 부르면 보호자에게 오도록 습관을 들이는 것은 여러 가지 위험한 상황에서 도움이 됩니다. 고양이를 잃어버렸거나 위험한 장소에 있는 고양이를 부를 때 꼭 필요합니다.

   고양이의 이름을 부를 때는 반드시 고양이가 좋아하는 일을 할 때여야 합니다. 그렇게 해서 보호자가 고양이의 이름을 부를 때는 빨리 가는 것이 좋다는 생각을 할 수 있도록 습관을 만들어 주는 것입니다. 고양이가 좋아하는 음식을 먹을 때와 놀이를 할 때는 반드시 밝은 목소리로 이름을 불러 줍니다.

   보호자가 꼭 지켜야 하는 점은 고양이를 야단칠 때 이름을 부르면 안 된다는 것입니다. 이름이 불렸을 때 좋은 일이 있을 수도 있고 나쁜 일이 있을 수도 있다고 생각하면, 본인의 필요에 따라 이름에 반응을 보이지 않게 됩니다. 이러한 조건 만들기는 생각보다 어렵습니다. 보호자 입장에서는 당황하거나 화가 나면 나도 모르게 버럭 고양이의 이름을 부르게 되기 때문입니다. 항상 비슷한 톤으로 이름을 불러야 하고, 이름을 불렀을 때 다가온 고양이에겐 꼭 보상을 주어야 합니다. 야단을 치거나 장난을 막을 때는 이름을 부르지 말고 "안 돼!" 또는 "쓰읍!" 하는 일정한 소리를 내서 멈춤 신호를 만들어 주는 것이 좋습니다.

우리가 고양이 울음소리의 높낮이로 어느 정도 고양이가 요구하는 것을 짐작하듯이, 고양이들도 우리가 내는 말소리와 억양으로 우리의 의도를 짐작합니다. 인간의 언어는 억양과 함께 단어 뜻이 전달되지만, 고양이는 뜻과 상관없이 소리와 그 상황으로 짐작하게 됩니다. 그래서 한 단어에 사용하는 억양과 소리를 항상 비슷하게 유지해야 고양이가 학습하기 좋습니다. 고양이가 높은 소리로 "야오옹" 하고 울 때 '배가 고프구나.'라고 연결하듯이, 인간이 이름을 부를 때는 보호자에게 가야 한다고 연결하도록 합니다.

🐾 부탁하기 교육

고양이에게도 정중하게 부탁하는 태도를 가르칠 수 있습니다. 고양이가 어릴수록, 고양이가 좋아하는 음식일수록 교육 효과가 좋습니다. 교육시킬 때 캣 스낵이나 츄르 등의 간식을 많이 활용합니다. 고양이에게 간식을 보여 주면, 대개 빨리 달라고 울어대며 발톱으로 손을 움켜쥐고 당기거나 기어오르기도 합니다. 이때 보호자는 절대 음식을 빼앗기지 말고, 기다립니다. 안달을 내던 고양이도 시간이 좀 지나면 진정되는데, 고양이가 엉덩이를 바닥에 대고 앉을 때를 맞춰 간식을 먹게 합니다. 이 과정이 몇 번 반복되면 고양이는 보호자 앞에 앉아야 맛있는 간식을 먹을 수 있다는 사실을 깨닫게 됩니다.

이 교육은 1년간 꾸준히 반복하며 몸에 배도록 해야 합니다. 처음 몇 번 성공했다고 그만두게 되면 고양이도 금방 잊어버립니다. 이 행동을 확실하게 배우게 되면, 고양이는 뭔가 요구사항이 있을 때 보호자 앞에 앉아서 보호자를 바라보며 기다리게 되고, 보호자는 고양이의 자세와 태도를 보고 고양이가 원하는 것이 있다는 것을 금방 알아챌 수 있습니다.

이 교육법을 설명하면, "고양이한테 그렇게까지 해야 하나요?", "고양이가 애타 하는 모습을 보기 괴로워요. 그냥 빨리 주고 싶어요."라고 하시는 분들이 많습니다. 하지만 고양이가 어떤 요구를 하기 위해 사람에게 표현하고 사람이 그것을 정확히 알아들어 줄 때, 서로 언어는 달라도 마음이 통하는 일체감을 가질 수 있습니다. 그것을 바탕으로 더 많은 상호작용이 가능해질 수 있습니다.

고양이는 원래 제멋대로인 동물이라 정중하게 부탁하기를 가르치지 못한다고 생각할 수 있습니다. 하지만 부탁하기 교육을 하지 않은 경우 고양이는 원하는 바를 사람에게 전달하는 법을 알지 못하기 때문에 물건을 밀어 떨어뜨려 관심을 끌려고 하거나 직접 문제를 해결하려고 사고를 치게 됩니다.

🐾 고양이의 울음소리와 바디랭귀지 이해하기

•• 고양이의 울음소리 ••

고양이는 관찰하고 행동을 모방하면서 배워 나가는 동물입니다. 그래서 보호자가 눈치를 채든 채지 못하든, 고양이는 항상 보호자를 관찰하고 있습니다. 고양이가 보호자의 목소리 톤과 몸짓을 관찰하고 해독하듯이, 보호자도 고양이의 울음소리를 해석하기 위한 노력이 필요합니다. 고양이의 울음소리는 보호자에게 보내는 감정적 신호이므로, 어떤 상황에서 어떤 소리를 내는지 잘 관찰하면 고양이의 요구, 스트레스, 건강 문제를 미리 알아챌 수 있습니다.

▶ **고양이의 울음소리 종류**

① **야옹(meow)**: 어린 고양이가 어미 고양이에게 요청하는 소리입니다. 성묘끼리는 이런 소리를 내지 않습니다. 주로 보호자와 소통하는 소리이므로, 이 소리를 낼 때는 배가 고프거나 목이 마르다 등의 요구사항이 있습니다. 가벼운 인사의 뜻으로 "냥!" 하고 가볍고 짧게 울기도 하고, 뭔가 요구하기 위해 "야아옹" 하고 길게 울기도 합니다. 각각의 소리는 다 인간과 소통하기 위해 내는 소리이므로, 우리 고양이가 어떤 것을 원할 때 어느 소리를 내는지 주의 깊게 듣고 기억해 두어야 합니다.

② **골골송(purring)**: 젖 먹을 때나 어미 고양이 품에 있을 때 주로 내는 소리입니다. 고양이가 아주 만족스럽고 편안할 때 내는 소리이기도 합니다. 몸이 많이 아플 때 스스로를 위안하기 위해 내는 경우도 드물게 있습니다.

③ **트릴링(trilling)**: 야옹과 골골이 섞인 듯한 독특한 소리로, 인사, 기쁨, 놀이 요청, 애정 표현 요청의 표현으로 사용하며, 고양이들 간에도 사용합니다.

④ **채터링, 키키킥, 캬가가각(chattering)**: 사냥감에 접근하기 어려울 때 내는 소리입니다.

⑤ **으르렁(growling) / 하악(hissing)**: 상대방에게 다가오지 말라고 경고하는 소리입니다.

⑥ **캬아악 비명(screaming)**: 싸움 중이거나 공포, 고통을 표현하는 소리로, 동물병원 치료 시에 많이 들을 수 있는 소리입니다.

⑦ **발정기 비명(calling, yowling)**: '우와우웅' 하는 호소하는 듯한 큰 울음소리입니다.

•• 고양이의 바디랭귀지 ••

어미 고양이의 젖을 먹는 새끼 고양이 시절이 끝나고 나면, 고양이는 서로 의사소통을 하기 위해 더 이상 울음소리를 사용하지 않습니다. 눈과 귀의 모양, 수염의 모양, 자세, 꼬리를 이용하여 서로의 상황을 파악합니다. 고양이는 보호자에게 무언가 요구하며 "야옹" 하고 우는 것 외에도 다양한 바디랭귀지로 자신의 상태를 표현합니다. 보호자가 엉뚱한 응답을 하면 고양이는 당황스럽겠지요. 고양이의 표정과 자세, 꼬리와 귀의 모양을 잘 보고 추리력을 최대한 발휘해 봅시다.

▶ **고양이의 바디랭귀지(고양이의 꼬리 언어) 종류**

▲ 두려움   ▲ 조심스러움   ▲ 신경에 거슬림

▲ 애정 표현   ▲ 반가움   ▲ 행복함

▲ 화남　　　　　　▲ 흥미를 느낌　　　　　▲ 흥분될 만큼 기쁨

(일러스트: 정유하)

🐾 고양이의 성격과 개성 파악하기

　　고양이는 생각보다 다양한 성격을 지니고 있습니다. 독립적으로 자신의 공간을 지키는 고양이가 있는가 하면, 사람 옆에 꼭 붙어 있으려는 고양이도 있고, 울음소리를 내지 않는 과묵한 고양이도 있습니다. 반대로 수다스럽게 종일 말을 붙이는 고양이도 있지요. 이런 타고난 기질은 우리가 바꿀 수 없습니다. 보호자가 무릎 고양이를 원했다 해도, 고양이가 무릎에 앉는 걸 싫어하는 타입이라면 그것을 바꿀 방법은 없습니다. 잠깐 무릎 위에서 있어 줄 수는 있겠지만, 무릎에 앉는 걸 좋아하도록 만들 교육법은 없는 것이죠.

　　보호자가 기대했던 고양이의 모습이 있을 수 있지만, 고양이와 함께하는 삶이란 나의 고양이는 어떤 성격의 고양이인가 파악하고 그 모습 그대로 사랑하고 맞춰 주는 것입니다. 보호자가 하고 싶은 것을 내려놓고, 고양이가 원하는 것은 무엇인지와 어떻게 해 줄 때 편안해하는지를 세밀하게 살펴봐 주세요. '고양이는 당연히 이래야 한다.'라는 편견을 없애는 것이 좋습니다.

05
예방접종 시기에 자주 보이는 질환 및 대처법

🐾 바이러스성 질환

　입양하고 시일이 지났으나 바이러스성 전염병이나 기생충성 설사가 뒤늦게 나타날 수 있습니다. 예방접종이 완료될 때까지 전염병에 대한 긴장을 늦추면 안 됩니다. 또한, 호흡기 질환인 고양이 허피스 바이러스나 고양이 칼리시 바이러스가 처음 나타나거나 이미 지나갔는데 재발할 수 있으며, 고양이 전염성 복막염이 나타나기도 합니다. 고양이에게 눈곱, 눈물, 콧물, 재채기, 구토, 설사, 기운 없음 등의 증상이 나타나면 바로 진료를 받도록 합시다.

🐾 피부 질환

　입양 전에 감염되었던 피부병의 증상이 뒤늦게 나타날 수 있습니다. 피부사상균증(링웜)의 경우, 곰팡이균에 감염된 후 균이 자라서 눈으로 보일 정도의 탈모나 각질이 나타나는 데 2~4주간의 시간이 걸립니다. 얼굴 주변, 발 주변, 복부에서 동그랗게 털이 빠지는 증상을 보이면, 집에 있는 다른 동물들과 즉시 따로 분리하고 동물병원에서 치료를 받도록 합니다. 곰팡이균이 가구나 패브릭에 오염될 수도 있으므로 세탁이 가능한 제품은 뜨거운 물로 세탁하고, 가구는 락스 희석액으로 닦아 줍니다. 고양이의 피부사상균은 사람에게도 옮을 수 있어서 주의가 필요합니다. 사람에게 옮으면 피부에 가려움이 심한 원형의 병변이 생기게 되어 피부과 치료를 받아야 합니다. 최근 사람에게서 피부사상균 발생이 드물기 때문에 다른 질환으로 오인할 수도 있습니다. 이 경우에는 피부과 의사에게 고양이에게서 옮았다고 알리도록 합시다.

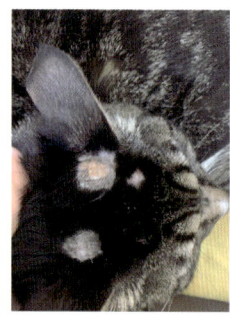
▲ 피부사상균증(링웜) 증상

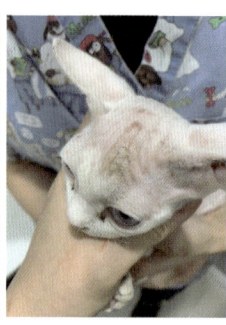
▲ 육안으로 보이는 피부사상균증(링웜)

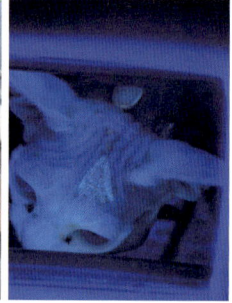
▲ UV로 보는 피부사상균증(링웜)

🐾 치아가 빠짐

고양이도 4~6개월에 유치가 빠지고 영구치가 난답니다. 고양이가 이갈이할 때 잇몸에서 피가 날 수 있습니다. 입에서 피가 나는 것을 보고 혼비백산하며 병원에 데려왔지만, 유치가 빠진 것이어서 웃고 돌아가는 경우가 종종 있습니다. 이갈이 시기에 잇몸출혈은 대개 소량으로 금방 멎지만, 출혈되는 양이 많다면 솜을 말아 눌러서 지혈시켜 주어야 합니다.

수의사의 에세이
8주~24주 고양이

　제가 고양이를 대하는 방식은 기본적으로 '방목'입니다. 목장에 양을 풀어 놓듯, 고양이를 집에 풀어 놓고 관망하는 방식이랄까요. 고양이가 일상을 보내는 것을 슬쩍슬쩍 구경하면서 기다립니다. 고양이라는 동물은 너무나 따뜻하고, 보들보들하며 말랑말랑하고, 햇볕 냄새가 나서 껴안고 마구 주무르고 싶어지지만 참아야 합니다. 고양이가 쉬거나 놀다가 저한테 다가올 때만 관심을 보여 줍니다. 제가 그냥 제 할 일을 하고 있으면, '뭔데? 뭐가 그렇게 재미있길래 혼자서 하고 있어?' 하면서 다가오거든요. 자기가 원하는 시간만큼 제 손길을 즐기다가 다시 관심거리를 따라가지요.

　집사의 발이나 손을 사냥하고 싶어 하던 어린 고양이도 집사가 꾸준하게 별 반응을 보이지 않으면 흥미를 잃게 됩니다. 깜짝 놀라거나 아파하는 반응을 보이게 되면 계속하고 싶어 하니까. 펄쩍 뛰고 싶은 걸 꾹 참고 태연한 척합니다. 소파, 벽지, 가구 등 긁으면 안 되는 장소에 스크래칭 하는 모습을 봐도 내적 비명을 삼킨 후 소파 커버를 주문하고 벽지 앞에 재빨리 스크래처를 가져다가 가려 놓습니다. 야단쳐 봤자 아무 소용이 없으니까요.

　'마리'는 통 말썽을 부리지 않는 고양이인데, 벽지에 스크래치를 내는 버릇이 있었습니다. 아마도 자기만의 수직 스크래처가 필요해서 그랬던 것 같아요. 벽지에 삼선 스크래치를 냈는데, 벽지 수리를 하지 않고 뒀더니 3살짜리 아들이 그 사이를 손가락으로 집요하게 파서 벽지를 수~욱 벗겨내 놓은 게 아니겠어요? 그때 아들은 한창 스티커를 떼는 재미에 빠져 있었거든요. '어차피 뜯어진 거 이사 갈 때 도배해 놓고 가야겠다.' 하고 방치해 두었더니, 고양이는 벽지를 긁고 아들은 그걸 뜯어내는 '환장의 콜라보'가 이루어져서 한쪽 벽이 버려진 폐가의 벽처럼 엉망이 되고 말았습니다. 집에 오는 사람마다 어떻게 집을 이렇게 해 놓고 살고 있는 거냐며 한마디씩 했지만, 둘은 아주 재미있었을 거예요.

　웬만해서는 고양이가 하는 짓에 간섭하지 않지만, 어려서부터 반드시 가르치는 것이 바로 '멈춤 신호(Stop sign)'입니다. 간단한 단어나 클리커로도 할 수 있지만, 제가 선호하는 것은 "씁!"이라는 짧은 소리입니다. 어릴 때 엄마들이 아이에게 하는 훈육 소리로 흔히 들어보셨을 거예요. 고양이들의 위협 소리인 "쉿" 소리처럼 짧고 강하게 냅니다. 이 소리가 나면 저희 고양이들은 일단 잠깐 멈칫 자세를 낮추고, 저를 돌아봅니다. 반응 없는 천방지축 고양이에게는 "쏩" 소리와 함께 얼굴에 미스트나 공기 분사기를 뿌려 깜짝 놀라게 합니다. '깜짝 놀라는 것'과 "쏩" 소리를 연결하도록 해 주는 것입니다. 저는 이 멈춤 신호로 고무줄을 끊어 삼키려던 '메주콩이'를 여러 번 막았답니다.

'멈춤 신호(Stop sign)'와 함께 꼭 가르치는 것이 '이름을 부를 때는 집사에게 온다.'입니다. 고양이가 집 안 어딘가에 숨어 있어서 불러내야 하거나 실수로 집 밖으로 나가 버려서 찾아야 하는 경우에 필요한 교육입니다. 하지만, '이름을 부르면 꼭 대답하고 뛰어 오너라.' 하고 잔소리한다고 알아들을 것도 아니라서, 고양이에게는 반드시 이름과 즐거움이 연결되게 하는 것이 중요합니다. 이름이 불렸을 때 고양이가 올지 말지 고민하지 않도록 신뢰를 얻는 데는 시간이 필요합니다. 목욕을 시키거나 발톱을 깎을 때 이름을 불러서 빨리 끝내고 싶지만 참아야 합니다. 옆으로 다가올 때까지 발톱 깎기를 들고서 책이나 핸드폰을 보면서 기다리곤 합니다.

'빠다'가 언제 나갔는지도 모르게 집 밖으로 나간 적이 있었습니다. 고양이는 보통 집 밖으로 나가면 실외로 직진하지만, 아파트나 빌라 같은 공간에서는 계단 위쪽으로 올라가는 경향이 있습니다. 계단을 따라 올라가면서 이름을 불렀더니, 애처로운 목소리로 대답하며 달려 내려왔습니다. 집 나가면 개고생인데, 얘들은 그걸 모르고 나가자마자 후회합니다.

저는 학생 시절에 자취를 했기 때문에 주말에 집에 갈 때는 항상 '까망이'를 데리고 다녔습니다. 어릴 때부터 차라는 공간이 너무 익숙했던 까망이는 조수석에 누워서 자기도 하고, 대시보드에 엎드려 달리는 차들을 구경하기도 했습니다. 까망이와 함께 드라이브하면서 "까망아~" 부르면 나른한 얼굴로 대답하던 순간들은 잊지 않는 즐거운 기억입니다. 다만 이런 상황은 교통사고를 당하게 되면 아주 위험할 수 있으므로 주의가 필요합니다. 그때는 저도 어린 학생이어서 위험에 대처가 부족했던 것 같습니다. 내부에 푹신한 천이 깔려 있는 적당한 크기의 하드탑 플라스틱 이동장에 고양이를 넣고 이동장이 움직이지 않도록 벨트로 고정해 두어야 자동차 충돌 시에 사람과 마찬가지로 보호가 됩니다.

 어린 고양이가 예방접종을 하는 8주~24주 시기가 동물병원 환경과 친해질 수 있는 절호의 기회입니다. 동물병원에 배고픈 상태로 가서 접종하는 중이나 접종하고 나서 간식이나 사료를 소량 먹으면 동물병원 방문에 좋은 기억을 가지게 됩니다. 수의사네 고양이들은 집사에게 직접 주사를 맞거나 검사를 받기 때문에 '이게 무슨 귀찮은 장난이냥~' 하는 정도로 받아들입니다. 보호자가 고양이의 상태를 잘 읽어 주고 어떤 태도로 대하느냐가 영향을 많이 주는 것 같습니다.

Chapter 3

청소년기(사춘기)
6개월~11개월 사이

01. 청소년기
02. 중성화 시기
03. 청소년기 고양이의 위생 관리

01
청소년기

  이제 우리 고양이들은 성장 속도가 느려지기 시작하는 청소년기(사춘기)에 접어들었습니다. 지금까지는 사료를 가리지 않고 잘 먹어 매주 체중이 규칙적으로 증가해 왔다면, 이제는 슬슬 사료를 먹다 남기기도 하고 체중 증가 속도도 정체되기 시작합니다. 개별 스타일과 성향이 뚜렷해지면서 독립적인 모습이 나타날 수 있습니다. 이전에는 기본적인 규칙과 루틴을 익힐 수 있도록 일률적인 교육을 진행해 왔지만, 이제부터는 고양이의 개별 스타일을 존중하면서 성향에 맞춰서 교육해야 합니다.

  고양이는 성향에 따라 호불호가 뚜렷한데, 이 개성은 인간이 개입해서 바꿀 수 없습니다. 바꾸려고 하면 문제가 생기기 쉽고, 건강상의 이상으로 이어지게 됩니다. 대표적인 예가 외출에 대한 반응입니다. 최근 온라인 매체에서 '하네스 산책 냥이들'이 등장하면서, 본인도 고양이와 산책하고 싶다는 환상을 가지는 사람들이 많이 생겼습니다. 산책까지는 아니더라도, 유모차를 타고 주변을 유유히 구경하는 고양이의 모습을 기대하기도 합니다. 개들은 산책을 좋아하고 개 산책을 시키지 않는 것은 방임이나 학대라는 인식이 보급되면서, 고양이도 당연히 그럴 것이라고 생각하는 사람들이 의외로 많습니다.

'우리 고양이가 아직 산책 훈련(?)이 되어 있지 않아서일 뿐이지, 지속적으로 반복하면 결국 좋아하게 될 것이다.'라고 믿는 분들을 진료실에서도 종종 만나게 됩니다.

산책을 좋아하는 고양이, 집사의 어깨나 가방에 올라앉아 트레킹을 즐기는 고양이, 비행기나 자동차에서 창밖을 느긋하게 구경하는 고양이, 물을 좋아해서 수영을 즐기는 고양이 등이 세상에는 존재합니다. 다만 여러분의 고양이가 아닌 것이죠. 이런 고양이들의 동영상이 엄청난 조회수를 기록하는 이유는 흔히 볼 수 없는 모습이기 때문입니다. 혹시 우리 고양이가 이런 활동들을 좋아할까 기대하며 어려서부터 자주 활동적인 환경에 노출시켜 보는 것은 좋은 시도일 수 있습니다. 활동적인 성향의 고양이라면 좋아할 거예요. 다만, 고양이가 전혀 좋아하지 않고 무서워하거나 싫어하는데도 지속하는 것은 반드시 피해야 합니다. 6개월령 이상의 고양이는 이러한 생활상이나 취향이 어느 정도 고정되어 있으므로, 고양이의 의사에 반하는 시도는 중단해야 합니다.

🐾 고양이의 성격 유형

고양이의 성격 유형은 대부분 선천적으로 타고나는 것으로 품종적인 특성이 크지만, 묘생 초기의 경험과 어미 고양이의 교육 방식, 이후의 생활 방식 등 다양한 요인에 영향을 받아 결정됩니다. 고양이의 성격 유형을 나눈 방식들이 여러 가지 있지만, 쉽게 정리하면 5가지로 나눌 수 있습니다. 그러나 모든 고양이가 딱 한 가지 분류에만 들어가는 것은 아니고, 두세 가지 특성을 같이 가지는 경우가 많습니다. 고양이의 성격 유형에 따라 고양이가 필요로 하는 부분들이 다르기 때문에, 보호자가 제공해 주어야 할 환경도 조절되어야 합니다. 보호자 역시 일상을 살아가면서 해야 할 일과 한계가 있으니, 고양이의 필요를 완벽하게 채워 주기는 어렵습니다. 그래도 우리 고양이에게 어떤 것이 필요하고 어떤 것이 부족한가를 알면 여러 가지 문제 상황에 대처하기에 더 쉬워질 것입니다. 고양이의 성격 유형을 구체적으로 알아보겠습니다.

▶ (1) 사교적인 유형

사람과 고양이에게 모두 친화적이고, 낯선 공간을 무서워하지 않아서 양육하기에 편리한 점이 있습니다. 모든 보호자들이 원하는 유형이지만, 집을 비우는 시간이 긴 1인 가구라면 오히려 이 유형의 고양이가 힘들 수 있습니다. 사교적인 유형의 고양이들은 혼자 있는 시간이 길면 외로움을 많이 느끼게 되므로 항상 가족이나 다른 동물들이 함께하도록 해 주어야 합니다.

▶ (2) 고양이만 좋아하는 유형

사람에게는 낯을 가리고 고양이와 상호작용하는 것을 좋아하므로 다묘 가정에 가면 잘 지낼 수 있는 유형입니다. 낯선 사람의 방문을 반기지 않더라도 다른 고양이들과 함께 있으면 스트레스를 덜 받을 수 있습니다.

▶ (3) 신경질적인 유형

사람과 고양이 모두에게 곁을 주지 않으며 작은 자극에도 심한 반응을 보이므로, 이사나 이동, 동물병원 내원 시에도 어려움을 많이 겪습니다. 잦은 애정 표현보다는 약간 거리를 두고 지켜봐 주어야 하므로 보호자 입장에서 반려하는 즐거움이 적을 수 있겠습니다. 이 유형의 고양이가 다묘 가정에서 지내게 되었다면, 주치의와 의논하여 행동 수정 약물을 복용하게 하는 것을 추천합니다.

▶ **(4) 사냥꾼 유형**

사냥꾼 기질이 강한 고양이는 자극이 없어 지루한 것을 참기 어려우며 불만족이 신체적 질병으로 이어지기도 합니다. 그래서 다양한 장난감이나 푸드 퍼즐 등으로 계속 쫓아다닐 거리를 만들어 주어야 합니다. 특히 자기 전에 충분히 사냥 놀이를 해서 욕구를 풀어 주지 않으면 밤새도록 뛰어다니며 사고를 치기도 합니다.

▶ **(5) 호기심이 가득한 유형**

충동적이고 궁금한 것을 참지 못하는 이 유형의 고양이들에게 세상에서 제일 견딜 수 없는 것은 닫혀 있는 문입니다. 현관문이 열리는 틈에 밖으로 질주하기도 합니다. 밖에 무엇이 있는지도 모르면서 궁금해서 뛰어나가는 것이죠. 방묘문이나 동물용 강화 방충망이 꼭 필요하며, 끊임없이 새로운 것을 보여 주면 좋아합니다.

🐾 고양이의 사춘기는 반항기일까?

흔히 우리가 반항기라고 생각하는 청소년기 시절의 고양이 행동은 고양이의 반항이라기보다는 고양이의 성향을 읽지 못하는 우리의 실수인 경우가 많습니다. 고양이들은 각자 타고난 성향에 따라 채워 주어야 하는 욕구들이 약간씩 다른데, 인간적인 관점에서 옳은 것 같은 방식이나 '고양이는 이렇게 해 주어야 한다더라.'라는 카더라 통신에서 들은 내용대로 밀고 나가다가 관계가 어긋나게 됩니다. 내 고양이의 특성에 꼭 필요한 부분은 채워 주고, 보호자가 양보할 수 없는 부분은 고양이에게 가르쳐서 적절한 경계선을 형성하는 것이 고양이의 사춘기에 보호자가 해야 할 미션입니다. 즉, 고양이의 필수 요구를 충족시키고 신뢰 관계를 구축하는 것입니다. 고양이는 보호자와 함께 있을 때, 이런 느낌을 받을 수 있어야 합니다.

- 안심할 수 있다.
- 즐겁다.
- 좋아한다.
- 행복하다.

고양이는 호기심이 많고 궁금증을 참지 못하는 동물이라 보호자들을 난처하게 하는 경우가 많습니다. 하지만 고양이의 이러한 욕구를 100% 충족시켜 주어야만 하는 것은 아닙니다. 인간을 포함해서 세상의 어떤 동물도 모든 욕구를 다 채우면서 살 수는 없습니다. 반려묘이자 동거묘와 같이 살고 있으니, 인간이 너무 힘들어하는 면은 고양이 쪽에서도 양보하는 것이 당연합니다. 이런 선을 그어 놓지 못하고, 사랑스러운 고양이를 폭군으로 만들고 힘들게 지내는 경우가 있으니 잘 조절하는 것이 좋습니다. '고양이의 문제 행동'과 '고양이에게는 정상적이지만 우리가 불편한 행동'을 잘 구별해서 적정한 선을 찾아야 합니다.

🐾 반드시 해결해 주어야 하는 고양이의 문제 행동

고양이의 문제 행동은 보호자가 혼자 해결하기 어려운 경우가 대부분입니다. 동물병원 주치의와 상담하고, 생활 방식이나 양육 방식을 바꾸고, 약물 처방을 받아야 하는 경우도 많습니다. 보호자들은 행동 수정에 처방되는 약물에 대해 아직도 편견과 거리감을 느끼고 있는 것 같습니다. 무슨 동물을 약까지 먹여가며 키우느냐고 하시는 분도 있었습니다. 하지만 의학이 발전하면서 신경전달물질을 조절하는 약들도 눈부신 속도로 발전하고 있으며 그 종류도 다양해졌습니다. 통증이 심하면 진통제를 먹는 것과 같다고 생각하면 좋겠습니다.

▶ 공격성

고양이의 공격성은 꼭 해결해야 하는 문제입니다. 고양이의 발톱을 깎거나 몸을 살펴봐야 할 때, 많은 보호자들은 고양이가 물거나 할퀴는 행동에 대해 '고양이란 원래 그런 동물'이라고 당연하게 생각합니다. 하지만 기본적인 몸 관리를 하거나 보호자가 일상생활을 위한 행동을 할 때 피가 나도록 물고 할퀴는 것은 정상적인 상황이 아닙니다. 보호자는 단지 부엌이나 거실로 갑자기 들어갔을 뿐인데 놀란 고양이에게 공격당하는 심각한 경우도 있습니다.

사람에 대한 공격성뿐만 아니라 한집에 살고 있는 다른 반려동물에 대해서 심한 공격성을 보이는 경우도 있는데, 이는 단순히 '서로 사이가 좋지 않다'라고 생각하고 넘길 일이 아닙니다. 공격을 당하는 쪽도 괴롭지만, 공격하는 쪽의 스트레스도 매우 심한 상태입니다. 보호자는 적극적으로 개입해서 해결해 주어야 합니다. 고양이 간 공격성이 너무 길게 지속되면 치료를 통해서도 해결되지 않게 되고, 결국 한 고양이를 다른 집으로 입양 보내야 하는 경우도 있습니다.

▶ 배뇨 및 배변 실수

배뇨 및 배변 실수가 나타날 때는 빨리 동물병원에 데려가서 진료를 받아야 합니다. 고양이에게는 생활 공간에 자신의 배설물 냄새가 나지 않도록 하는 것이 생존에 매우 중요한 요소입니다. 고양이는 쫓아다니며 사냥하는 것이 아니라 사냥감의 이동 경로에서 기다리다 공격하는 형태의 사냥꾼입니다. 고양이의 배설물 냄새가 나면 사냥감은 그 공간을 피하게 되겠죠. 그래서 고양이는 개와 달리 화장실 교육이 필요 없습니다. 어린 고양이도 모래가 담긴 상자만 옆에 두면 알아서 볼일을 보고 모래를 덮습니다.

집 안에서 안정적으로 제공되는 사료를 먹으며 살다 보니 배설물을 모래로 잘 덮지 않는 고양이들을 종종 보게 됩니다. 모래로 배설물을 덮지 않는다고 해서 비정상적인 행동은 아니며, 이 행동을 바꿀 수는 없습니다. 그러나 기본적으로는 화장실을 가리는 것이 고양이의 정상적인 행동입니다. 그러므로 리터박스(화장실) 밖이나 옆에 대소변을 보는 것은 고양이의 건강에 심리적이든 신체적이든 문제가 생겼다는 신호입니다.

대개의 경우는 리터박스 사용에 불편감을 느끼는 것이 주원인입니다. 리터박스를 사용하고 있을 때 큰 소리가 났다거나, 리터박스에서 냄새가 많이 나는 경우, 용변을 보는 중에 다른 고양이나 사람이 들여다 보고 있는 등 불편감을 느끼면 리터박스 사용을 꺼리게 됩니다. 리터박스에 들어가지 못하는 고양이의 심정은 불편하기가 이루 말할 수 없습니다. 문명사회에 사는 인간이 길을 가다 용변이 급해졌는데, 화장실이 없어서 길거리 구석 어딘가에서 해결해야 할 때 느끼는 당혹감과 불편감과 비슷합니다. 그러니 고양이의 배뇨 및 배변 실수를 가볍게 생각하면 안 됩니다.

고양이는 방광염, 관절염, 장염 등의 질환이 있을 때 배뇨 및 배변에 통증을 느낍니다. 이때 고양이는 '소변볼 때 아픈 걸 보니 방광염이 왔나 보다.'라고 논리적으로 생각할 수 없습니다. 그저 소변볼 때 통증을 느끼면, '저 화장실이 나를 아프게 하는구나.'라고 생각하고 도망쳐서 다른 곳에 가서 시도해 봅니다. 그렇게 집 안 여기저기를 돌아다니면서 아프지 않다고 느끼는 장소를 찾지만, 장소를 바꿔 봐도 통증은 지속되기 때문에 고양이는 혼란에 빠집니다. 그러다 보면 제일 안심되는 장소, 즉 보호자의 냄새가 가장 짙게 나는 침대, 옷, 소파에 가서 용변을 보게 되는 것입니다. 어떤가요? 이렇게 들어 보니, 고양이의 행동에서 공포와 고민의 흔적이 뚜렷이 보이지 않나요? "가끔 우리 고양이는 나를 골탕 먹이려고 침대나 옷에 오줌을 싸는 것 같아요."라고 하시는 보호자들을 만나게 되는데, 단지 아프고 무서웠을 고양이의 상황을 알고 있는 수의사로서는 참 안타까운 상황입니다.

▶ 불안증, 공포

동물병원에 오거나 여행을 가는 중에 이동장 안에서 목이 터져라 울어대는 모습, 구석에 숨어 나오지 않는 모습, 울면서 무언가를 찾아다니는 모습이 우리가 흔히 보는 고양이의 불안과 공포 증상입니다. 특정한 사건에서 이런 증상이 나타날 때, 이 시간만 넘기면 된다고 참고 넘어가기보다는 좀 더 적극적으로 대처하는 것이 좋습니다. 괴로운 경험이 반복되면 공포증이 생기게 되고, 겪고 넘어가야 하는 실제 불편함의 크기가 공포와 불안으로 인해 몇 배로 더 커지게 됩니다.

고양이의 만성적인 불안증이나 공포를 알아차리기는 의외로 쉽지 않습니다. 고양이의 공포심은 공격성으로 나타날 수 있습니다. 고양이들은 의외로 길고양이 생활 중에도 가급적 싸움을 피합니다. 단독 사냥을 하는 고양이의 특성상, 싸움에서 다치면 먹이를 구하기 어려워지기 때문이죠. 그래서 서로 거리를 둔 채 으르렁거리는 목소리와 세운 털로 기싸움을 벌이는 것을 자주 볼 수 있습니다. 그래서 일상생활 중의 고양이의 공격성은 극도의 스트레스 상태에서 나온다고도 해석할 수 있습니다.

만성적인 불안은 탈모나 특발성 방광염으로 표출될 수 있습니다. 스트레스로 인한 면역 저하는 구내염으로 이어지기도 합니다. 단, 구내염의 원인이 100% 스트레스는 아닙니다. 고양이는 본인의 영역이 침해될 때 불안감을 느끼게 되지만, 겉으로 잘 표현하지 않기 때문에 집 안에 반려동물이 2마리 이상일 때는 각자의 영역이 잘 지켜지고 있는지 세심하게 살펴봐야 합니다.

▶ 과도한 울음

우리가 흔히 아는 "냐옹", "미양" 하는 울음소리는 새끼 고양이가 어미 고양이를 부를 때 내는 소리입니다. 고양이들은 젖을 떼고 나면 더 이상 서로 소통하기 위해 울음소리로 대화하지 않습니다. 울음소리 대신 표정과 몸짓, 행동으로 상호작용하고 의사를 전달합니다. 인간이 고양이에게 먹이를 제공하고 살아가는 데 필요한 자원을 공급해 주기 때문에 어미한테 하듯이 "야옹"이라고 말을 겁니다. 성묘가 된 고양이가 "야옹"이라는 울음소리로 부르는 것은 보호자뿐이지요.

대부분의 과도한 울음은 보호자의 관심을 끌기 위한 행동입니다. 관심 끌기라고 표현하면 괘씸하다고 생각하는 경우가 많은데, 고양이가 보호자를 귀찮게 하려고 운다는 의미가 아닙니다. 고양이에게 뭔가 채워지지 않는 욕구가 있는데, 그것이 제대로 해소되지 않고 있다는 뜻입니다. 제대로 해소되지 않은 욕구는 불안으로 이어집니다. 과도한 울음을 해결하는 데는 '필요한 욕구가 무엇인지 파악하기'와 '불필요한 울음 무시하기'가 같이 진행되어야 합니다. 과도한 울음은 보호자의 반응으로 인해 습관화된 경우가 많지만, 만성적인 통증으로 인한 경우도 있으므로 무조건 무시하기 이전에 건강검진이 선결되어야 합니다.

▶ 강박적 행동(강박증)

고양이의 강박증은 환경 스트레스와 분리불안으로 인한 불안장애가 대부분의 원인을 차지하며, 알레르기나 통증이 원인이 되기도 합니다. 어미 고양이에게서 일찍 떨어져 지내는 경우에 발생률이 좀 더 높아지는 경향이 있습니다.

대표적인 강박적 행동에는 과도한 그루밍으로 털이 빠지고 피가 나도록 피부가 손상되는 증상, 자기 꼬리를 쫓아 빙빙 돌다가 씹어 대거나 피부를 뜯는 증상, 담요, 천, 동배 고양이의 귀나 꼬리를 강박적으로 물고 빠는 행동을 하는 증상, 순간적인 피부 통증을 느끼는 증상, 피부가 꿀렁거리는 증상(고양이 지각과민 증후군/피부 롤링 증후군) 등이 있습니다. 앞서 설명한 과도한 울음이 강박증에서 비롯되는 경우도 있습니다. 다만 담요나 보호자의 옷에 꾹꾹이(앞발을 번갈아 오므렸다 폈다 하면서 주무르듯 하는 행동)를 하면서 천을 빠는 행동의 경우는 시간과 횟수가 너무 과하지 않으면 강박증으로 보지 않습니다. 강박증을 치료하려면 동물병원 주치의 선생님과 상담하여 강박을 일으키는 원인을 찾아 해결하고, 환경을 바꿔 주고 필요시에는 약 처방을 받는 것을 추천합니다.

😺 문제 행동이 아니지만 보호자가 불편한 행동

고양이와 같이 살면서 보호자는 괴로움을 호소하지만, 고양이에게는 정상적인 행동들이 있습니다. 이런 행동들은 문제 행동이 아니기 때문에 교정하기가 아주 어렵습니다. 동물에게 "이 행동을 하지 마."를 가르치는 것은 거의 불가능합니다. 특히 그 행동이 천성적으로 나오는 정상범위 내의 행동이라면 더 그렇습니다. 그 행동을 하는 대신 다른 행동을 하도록 유도해 주어야 합니다.

▶ **스크래칭**

벽지나 소파 같은 가구에 발톱으로 스크래칭하는 행동은 보호자들이 매우 괴로워하는 일 중 하나입니다. 보호자 본인 소유의 집이 아닌 경우 더더욱 난감한 상황이 되지요. 하지만 고양이에게 스크래칭은 영역의 표시이자 스트레스 해소의 중요한 수단이어서 못하게 할 수는 없습니다. 예전에는 스크래칭을 막기 위해 발톱 제거 수술을 하기도 했지만, 강아지 성대 수술과 마찬가지로 근래에는 하지 않는 추세입니다.

스크래칭은 고양이가 좋아할 만한 위치에 스크래처를 마련해 주는 것으로 피해를 거의 막을 수 있습니다. 스크래처는 고양이의 문패 같은 존재이므로 고양이가 주로 머무는 공간 입구 혹은 물그릇이나 밥그릇 주변에 두는 것이 좋습니다. 만약 스크래처를 놓아 주었는데도 다른 곳을 긁는다면, 원래 있던 스크래처를 그 장소로 옮겨 주거나 새로운 스크래처를 그 장소에 하나 더 놓아 주도록 합니다.

고양이에게는 몸을 쭉 펴고 긁을 수 있는 정도 높이의 '수직 스크래처'와 구부리고 앉아서 긁을 수 있는 '수평 스크래처'가 모두 필요합니다. 고양이는 행동으로 본인의 필요를 알려 줍니다. 보호자가 사 온 스크래처를 쓰지 않는다면 장소와 모양이 마음에 들지 않는다는 표현입니다. 고양이가 긁기 좋아하는 장소에 원하는 형태의 스크래처를 제공해 주세요.

▶ 집 안 사막화

고양이를 키우면서 피해 갈 수 없는 일 중 하나가 집 안에 굴러다니는 고양이 모래입니다. 리터바스(화장실)에 얌전히 들어가서 볼일을 본 후 모래를 조심스럽게 덮고 발판에 모래를 털고 나오는 모습은 인간의 판타지일 뿐입니다. 고양이는 화장실 모래가 마음에 들면 그 위에서 뒹굴며 노는 습성이 있습니다. 뒹굴면서 모래를 밖으로 튀게 하고, 털에 잔뜩 묻히고 뛰어나와 모래를 털곤 하죠. 고양이에게는 아주 즐거운 놀이입니다. 보호자가 청소하기 편하자고 화장실 모래를 갑자기 바꿔 주면, 예민한 고양이의 경우에는 화장실을 가기 싫어 참다가 방광염에 걸리기도 합니다. 고양이 모래는 고양이의 생활 복지에 매우 중요한 부분으로 보호자 마음대로 할 수도 없고, 또 하면 안 되는 부분입니다.

▲ 고양이 원목 박스형 화장실

보호자는 고양이 화장실을 안에 넣어 두는 형태의 원목 박스형 화장실을 사용하기도 합니다. 박스에 있는 구멍을 통해 들어가야 하고 나올 때도 구멍을 통해 나와야 하기 때문에 집 안 사막화를 많이 줄여 줄 수 있습니다. 그러나 고양이는 막힌 공간에서 용변을 보는 것을 좋아하지 않고, 나이가 든 고양이는 관절이 약해져서 뛰어 들어가기 힘들어하므로 고양이 입장에서는 추천하기 어렵습니다. 보호자가 화장실 입구에 모래를 가능한 걸러낼 수 있는 발판과 깔개를 다양하게 두고, 화장실 입구에 낮은 가림막을 설치해서 고양이가 화장실에서 일직선으로 뛰어나오지 못하도록 장애물을 만들어 주면 모래가 튀는 것을 줄일 수 있습니다.

▶ **야간의 높은 활동성**

고양이는 원래 야행성 동물입니다. 밤에 자야 하는 보호자에게는 고달픈 일이지만, 고양이가 밤에 활동하는 것은 정상 행동입니다. 사냥꾼 기질이 강한 고양이일수록 야간 활동량이 높고, 특히 새벽 3~5시 사이에 활발하게 움직입니다. 고양이도 필요 수면 시간이 있으므로 낮 동안 보호자와 많이 놀고 여러 가지 관심거리에 집중하면 밤에 자게 됩니다. 낮 동안 가족들이 모두 외출하면 고양이는 대부분 시간을 잠으로 보내게 되니 밤에는 활발하게 놀 수밖에 없습니다.

고양이와 활동 시간대를 도저히 맞출 수 없는 경우에는 분리 수면을 습관화하고 밤에 시끄러운 소리가 나지 않도록 바닥을 푹신하게 하고 물건을 떨어뜨리지 않도록 가구를 정리하도록 합니다. 보호자가 잠자리에 들기 전에 15~30분간 낚싯대 놀이를 격렬하게 한 후, 습식 사료를 배부르게 먹게 하면 사냥의 욕구가 어느 정도 충족되어 야간의 높은 활동성을 줄일 수 있습니다.

▶ 물건 물어뜯기

고양이는 사막에서 기원한 동물로, 사막에서 작은 곤충을 먹이로 삼으며 살았습니다. 그래서 본능적으로 잘 찢어지고 바스락거리는 식감의 물건을 씹는 것을 좋아합니다. 종이나 비닐, 스카치테이프, 스티커 등을 씹거나 뜯어 먹는 것을 즐겨합니다. 소량의 종이는 변으로 배출되고, 비닐이나 테이프 등은 위에 자극이 되어 토해 냅니다. 하지만 위벽에 얇게 붙어 배출되지 않고 지속적으로 자극되어 만성위염이 되는 경우가 있습니다. 이 경우 방사선이나 초음파 같은 영상 검사에서도 잘 잡히지 않기 때문에 동물병원에서도 정확한 원인과 위치를 알아내기 어렵습니다. 뚜렷한 이유 없이 반복적인 구토가 나타나는데, 우리 고양이에게 평소 비닐이나 종이를 물어뜯는 습관이 있다면 내시경 검사가 필요할 수 있습니다. 그 전에 비닐과 테이프 등을 고양이 눈에 띄지 않도록 신경 써서 치워 두는 것을 습관화해야 합니다. 코로나19 이후로 마스크가 생활화되면서 마스크 끈을 잘라 먹고 동물병원에 오는 경우도 많아졌습니다. 호기심 대장 고양이와 함께 사는 보호자는 잠시도 긴장을 풀 수 없습니다.

▶ 화분 망가뜨리기

고양이와 궁합이 좋지 않은 것 중 하나가 바로 화초입니다. 고양이들은 화초 이파리를 씹는 것을 좋아하고, 화분 위에 놓여 있는 작은 돌멩이를 굴리며 놀고, 화분을 밀어 떨어뜨리기 선수입니다. 쓰러진 화분에서 쏟아진 흙을 퍼트리며 노는 것도 재밌는 장난 중 하나입니다. 고양이가 있는 집에 있는 화분은 제 수명을 유지하기가 어렵습니다.

집에서 키우는 화초 중에는 고양이에게 유해한 식물들도 많이 있습니다. 식물을 씹어서 중독 증상을 일으키는 경우도 있고, 식물의 향 때문에 호흡기 질환이 오기도 합니다. 따라서 고양이와 화분은 서로에게 해가 된다고 할 수 있겠습니다. 한집에서 같이 키우지 않기를 권해 드립니다. 이미 있는 화분은 베란다로 옮겨서 고양이가 접근하지 않도록 하는 것이 좋습니다.

Key Point

고양이에게 해가 되는 식물

지속적인 사회화 교육의 중요성

사회화 교육은 고양이가 인간 사회에서 큰 불편감이나 두려움 없이 잘 지낼 수 있도록 필요한 규칙을 익히도록 하는 과정입니다. 사람 옆에서 살면서 흔히 겪게 되는 외부의 자극이 반복되는 상황에서 고양이의 포지션을 정해 주고, 적절한 반응을 보이도록 격려하며 가르치는 교육입니다. 어려서부터 조금씩 해 왔더라도 고양이는 시간이 지나면 잊어버리기도 하고, 보상이 없어지면 예절 행동도 무뎌질 수 있기 때문에 1살이 될 때까지는 이미 익힌 방식이라도 재교육과 보상을 꾸준하게 반복해야 합니다.

새끼 고양이 시기에는 거부감이 없었던 것에 대해 7~8개월령에 예민하게 굴기도 합니다. 어릴 때는 외출하는 것을 좋아했던 고양이가 한동안 밖에 나가지 않았더니 이동장에서 불안하게 울어대는 경우도 흔히 있습니다. 고양이의 사춘기는 이런 습관과 경험들이 다시 한번 재정립되는 시기이므로, 외출, 목욕, 몸 관리, 부탁하기 교육, 잠깐 멈춤 신호 등을 지속적으로 몸에 익히도록 해 주어야 합니다.

02
중성화 시기

🐾 중성화 수술

•• 중성화 수술을 하는 시기 ••

청소년기(사춘기)는 번식 능력이 생기는 시기이므로 이때 중성화 수술에 들어갑니다. 수컷 고양이의 경우 5~6개월령, 암컷 고양이의 경우 6~10개월령에 중성화 수술을 하는 것이 적당합니다. 수컷 고양이의 중성화는 단순한 수술이므로 좀 더 어릴 때 할 수 있고, 암컷 고양이의 중성화는 배를 여는 수술이므로 좀 더 자랐을 때 하는 것을 추천합니다. 암컷 고양이가 너무 작아서 체중이 적게 나갈 때는 3kg 내외로 자랄 때까지 기다렸다가 수술을 하는 것이 좋습니다.

암컷 고양이에게 발생하는 유선종양은 악성인 경우가 많은데, 중성화 수술로 예방할 수 있습니다. 첫 발정 전에 중성화 수술을 하면 98% 정도 방지되고, 2살 이전에 중성화 수술을 하면 85% 정도 막을 수 있습니다. 중성화 수술 시기 이전에 기초 예방접종을 완료해야 하며, 구조된 고양이나 나이가 들어서 입양된 고양이의 경우에는 건강 상태와 연령을 고려해서 예방접종 스케줄을 중성화 수술 전후로 조정합니다. 출산 계획 없이 암수

한 쌍을 키우고 있는 경우, 이 시기부터는 임신이 되지 않도록 각별히 주의하시는 것이 좋습니다.

▶ **중성화 수술을 하는 이유는 무엇인가요?**

중성화 수술의 가장 큰 목적은 반복적인 발정으로 생기는 불편과 질병을 막는 것입니다. 발정은 고양이의 자연스러운 삶의 주기 중 하나로서, 원래 사냥꾼이자 사냥감이기도 한 고양이는 자연에서 개체 수를 유지하기 위해 강한 번식력을 가지고 있습니다. 하지만 인간과 함께 살아가고 있는 현재에는 고양이의 지나치게 강한 번식력이 생활의 균형을 깨뜨리기 쉽고, 고양이의 무병장수에도 좋지 않은 영향을 줍니다. 암컷 고양이는 1년에 2~3번 발정이 오고 한 번 출산에 4~6마리 정도를 낳으므로, 고양이 한 쌍에게서 매년 8~20마리 내외의 고양이가 자연적으로 탄생하는 셈입니다. 일반 가정에서 다 돌보기 어렵고, 매번 입양처를 찾기도 쉽지 않습니다. 다수의 출산은 어미 고양이의 몸을 많이 상하게도 합니다.

임신과 출산이 없는 상태로 중성화 수술을 하지 않으면 또 다른 문제들이 발생합니다. 동물보호소에 입소하는 주인 없는 고양이 다수가 중성화되지 않은 수컷입니다. 주인이 유기한 것이라기보다 발성에 이끌려 나왔다가 길을 잃은 상항으로 짐작됩니다. 수컷 고양이의 경우 암컷 고양이의 발정에 동기화되므로, 집 밖 암컷 고양이의 발정기에 이끌려 가출하는 경우가 많습니다. 아예 돌아오지 않을 작정으로 나간 것이 아니지만, 집 밖의 도시 생태계에는 길고양이들의 영역이 얽혀 있어 그 영역을 피해 다니느라 집으로 돌아오지 못하곤 합니다. 암컷 고양이는 본인의 임신 가능 시기를 널리 알려야 하므로 크고 시끄러운 소리로 울고 여기저기에 소변 마킹을 해서 냄새를 퍼뜨립니다. 발정기에는 식욕이 저하되어 잘 먹지 못하고 괴로워합니다. 고양이가 새끼를 낳아 돌보는 모습은 애

틋하면서도 귀엽고 많은 즐거움을 주지만, 반복적인 출산과 발정을 계속 겪는 것은 현실적으로 힘든 일입니다.

•• 중성화 수술 후 케어하기 ••

동물병원에서 중성화 수술을 마치고 집에 온 고양이는 마취로 혼란스러운 상태입니다. 안쓰러운 마음에 보호자가 옆에 붙어서 달래주려고 하거나 억지로 뭔가를 먹이려고 하는 것은 도움이 되지 않습니다. 의식은 다 회복되었더라도 속이 울렁거리는 증상이 남아 있을 수 있기 때문입니다. 균형 감각이 완전하지 않으므로 캣타워 같은 높은 곳에 올라가지 못하도록 막아 두고, 어두운 방에서 하룻밤 조용히 혼자 쉬도록 해 주는 것이 좋습니다. 집에서 제일 신경 써야 하는 부분은 고양이가 수술 부위를 핥지 못하도록 관리하는 것입니다.

중성화 수술 이후에는 발정과 번식으로 사용할 에너지가 몸에 남게 되므로 비만이 되지 않도록 사료를 잘 조절해 주어야 합니다. 특히, 1살이 넘어서 수술하는 경우 혹은 출산 이후 수술하는 경우는 더 심하게 체중이 증가할 수 있어서 주의해야 합니다.

▶ **중성화 수술을 하면 성격이 달라질까요?**

많은 보호자들이 중성화 수술 이후에 성격이 달라지는지에 대해 기대와 염려를 가지고 질문합니다. 너무 날아다니는 말썽쟁이 아이가 좀 얌전해질까 기대하거나 보호자에게 항상 붙어 다니던 아이가 수술 후에 멀어지지 않을지 걱정하시는데요. 중성화 수술 자체가 고양이의 기질에 영향을 주는 부분은 없습니다. 중성화 수술 후에 고양이가 예민해지는 것은 수술 이후에 통증 조절이 잘 안 되었기 때문일 수 있습니다. 통증의 기억이 고양이를 예민하고 날카롭게 만듭니다. 주치의 선생님과 의논해서 통증 관리에 신경 써 주도록 합시다.

•• 중성화 수술을 하지 않기로 결정했다면…. ••

고양이의 출산을 계획하고 있다면 암컷 고양이의 첫 발정을 넘기고 2번째 발정부터 임신 계획을 잡도록 합니다. 보통 한 쌍의 고양이를 집에 같이 데리고 있는 경우가 많으므로 보호자가 모르는 사이에 교미가 일어나지 않도록 주의해야 합니다.

다른 가정이나 캐터리의 수컷 고양이와 짝짓기를 하는 경우, 장소를 선정할 때 신중해야 합니다. 영역 동물인 고양이는 자신의 영역에서 벗어나면 불안감이 커져서 교미에 실패하기도 합니다. 보통은 암컷 고양이의 발정기에 맞춰 수컷 고양이의 집에서 며칠 동안 같이 지내도록 합니다. 고양이의 교미 행위 특성 때문에 암컷 고양이의 목덜미에 심한 상처가 날 수 있으니, 이후에 세심하게 살펴봐야 합니다.

•• 고양이의 발정과 출산 ••

인간과 달리 확실한 발정기가 있는 고양이의 호르몬 작용은 매우 강력합니다. 암컷 고양이의 발정은 2~3주간 지속되고, 이때 임신이 되지 않으면 3~4주 뒤 다시 발정이 옵니다. 고양이는 계절성 발정 동물로 낮 길이의 영향을 받기 때문에 겨울 동안은 발정 휴지기에 들어가고, 봄에서 가을 사이에 발정이 반복됩니다. 봄철에 길고양이들이 한꺼번에 새끼를 낳으면서 발생하는 '아깽이 대란'은 계절 발정의 결과물입니다. 수컷 고양이는 발정 주기가 따로 있지 않고, 가까이에 있는 암컷 고양이의 발정을 따라갑니다.

고양이의 임신 기간은 평균 62일이며, 한 번에 4~6마리의 새끼 고양이를 낳습니다. 골격과 관절이 유연하기 때문에 고양이의 난산은 드문 편입니다. 정상적인 분만 과정에서도 태아들 간의 출산 간격이 24시간까지 벌어지는 경우가 흔히 있으니 침착하게 기다리도록 합니다. 어미 고양이는 새끼 고양이를 낳을 자리를 스스로 선택하는데, 동굴 같은 장소를 선호해서 침대 아래나 옷장 속에 보호자의 옷이나 담요, 수건을 가져다 둥지를 만들기도 합니다. 큰 박스를 뒤집어 위를 막아 주고 드나들 수 있는 입구를 작게 만들어 주는 것도 좋습니다.

출산하기 일주일 전 동물병원에 데려가서 낳을 새끼 고양이의 수를 미리 파악하면 출산할 때 도움이 됩니다. 임신 중에 평소보다 많이 먹일 필요는 없으며, 출산 이후 수유 시에 단백질이 많이 필요하므로 새끼 고양이용 사료나 출산 고양이용 사료를 급여해 줍니다.

03
청소년기 고양이의 위생 관리

목욕

고양이는 교육 차원에서 가벼운 목욕을 정기적으로 하는 것이 좋습니다. 목욕을 할 때는 샴푸를 필수적으로 쓰지 않고 물로만 가볍게 샤워해도 됩니다. 고양이 목욕 간격은 2~3달마다 한 번 하는 것이 이상적입니다. 아무리 자주 씻긴다고 해도 한 달에 한 번 정도를 지키는 것이 좋습니다. 피부를 보호하는 지질층을 씻어내 버리면 피부가 오히려 약해지기도 하고, 털에 남아 있는 냄새의 기억 창고가 리셋되기 때문입니다. 고양이는 몸이 물에 젖는 것도 싫어하지만, 샤워기 소리와 드라이기 소음에 더 예민하게 반응합니다. 물을 먼저 받아서 준비하거나 수도꼭지에서 흐르는 물로 씻기는 것이 더 좋습니다.

> **Key Point**
>
> **고양이 목욕법**
> ① 목욕통이나 큰 대야 2개, 바디타월 5장(혹은 세면용 타월 10장), 고양이용 샴푸를 준비합니다.

② 목욕통 한 곳에 먼저 고양이용 샴푸를 적당량 넣고 샤워기로 물을 틀어 거품을 냅니다. 다른 목욕통에는 따뜻한 물을 받아 둡니다.
③ 고양이를 데려와서 거품을 낸 목욕통에 넣고 충분히 문질러서 피지나 각질을 제거합니다.
④ 맑은 물을 담아 둔 목욕통으로 고양이를 옮겨서 헹궈냅니다.
⑤ 마지막으로 흐르는 물로 한 번 더 헹궈냅니다.
⑥ 준비해 둔 타월로 물기를 제거합니다. 이때 타월을 교체해 가며 꼼꼼하게 타월 드라이 해 주어야 합니다. 털이 약간 축축한 정도가 될 때까지 충분히 문질러 주어야 하며 겨드랑이와 다리 사이도 다 말려 줍니다. 준비해 둔 타월을 다 쓰는 것이 좋습니다.
⑦ 드라이기로 보송하게 말려 줍니다.
※ 고양이가 협조해 주면 가능하지만, 심하게 반항하면 드라이기를 사용하지 않습니다. 고양이는 스스로 그루밍하면서 물기를 제거할 수 있습니다.

🐾 발톱 관리

스크래칭을 하는 청소년기 고양이는 혼자서도 발톱 관리를 잘합니다. 그러나 고양이가 스스로 관리한 발톱은 길고 날카로워서 사람의 입장에서는 가구나 옷을 손상시키고 몸에 상처를 내는 도구이므로 깎아 주어야 합니다. 고양이의 유용한 도구를 제거하는 작업이니까 고양이는 싫지만 참아 주는 것입니다. 그 점을 감안해서 야단치면서 억지로 하지 말고 가급적 부드럽게 진행해야 합니다. 발톱을 안 깎으려 한다고 나쁜 고양이는 아니니까요. 어릴 때부터 핸들링 교육이 잘 되어 있다면, 협조를 해 줍니다. 그렇지 않은 경우라면, 자고 있을 때 한두 개씩 여러 번에 나누어 깎아 주어야 합니다.

고양이는 나이가 들어 관절염이 오면 발톱 관리를 잘하지 못하게 되어, 발톱이 두꺼워지고 둥글게 휘어지면서 발바닥을 파고들어 박힙니다. 이런 때를 대비해서 보호자는 반드시 고양이의 발톱을 깎는 훈련을 해 두어야 합니다. 청소년기 고양이의 발톱 정리는 나이 든 이후를 위한 연습이므로 꾸준히 하되 강압적으로 하지 말 것을 추천합니다.

🐾 치아 관리

고양이는 4~6개월령 사이에 영구치가 납니다. 대개 보호자들은 고양이의 유치가 빠지는 것을 잘 인지하지 못합니다. 유치는 너무 작아서 떨어져 있어도 잘 보이지 않고, 고양이가 삼키는 경우도 많습니다. 가끔 유치가 빠지면서 잇몸에서 피가 나기도 하는데, 출혈 부위를 솜으로 눌러 주면 금방 멎습니다.

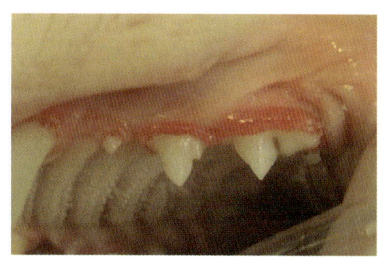
▲ 잇몸 염증선

영구치가 난 이후로 고양이 양치는 매일 하는 것이 좋지만, 힘들다면 일주일에 한 번 정도도 효과가 있습니다. 중요한 점은 꾸준히 계속하는 것입니다. 자주 잇몸을 살펴보고, 이빨과 잇몸 경계부에 빨간 염증선이 나타나지 않는지 체크해 주세요.

 **수의사의 에세이**

청소년기 고양이

　청소년기 고양이들은 몸과 다리는 길어지고 몸은 아주 가벼워서 엄청 높은 곳도 받침대 없이 뛰어 올라갑니다. 2~3cm 폭의 방문 위에 올라가 앉기도 하고, 방충망을 타고 창문 꼭대기까지 올라가기도 합니다. 못 올라가게 하는 것은 어차피 소용없으니, 즐겨 올라가는 장소 아래에 두툼한 깔개를 깔아 주었습니다. 또 창문 방충망이 열려 있지 않도록 항상 신경 써야 해요. 새끼 고양이 시절에는 장난치며 덤벼도 형 고양이들이 봐줬지만, 이제는 몇 번 털이 뽑히는 다툼이 있기도 합니다. 대개 한두 번이면 정리가 되는데, 눈치 없이 자꾸 덤비는 일이 있어 집사에게서 "쌉!"이 등장하기도 합니다.

　아무래도 이 시기에 치르게 되는 묘생의 큰 행사는 중성화 수술이겠죠. '까망이'의 중성화 수술 시기에 저는 아직 학생이어서, 동물병원에 데려가서 수술을 받았어요. 제가 수의학과 학생이어서, 수의사 선생님은 수술이 끝나고 축 늘어진 까망이가 마취에서 깰 때까지 제가 안고 있을 수 있는 특혜를 주셨더랬죠. 마취가 되면 눈을 감지 못하고 뜨고 있기 때문에 안구가 건조해지지 않도록 안연고나 안구용 젤을 눈에 넣어 주셨는데, 그래서 까망이 눈에 눈물이 그렁그렁 고인 것처럼 보였어요. 촉촉한 눈을 반쯤 뜬 채 늘어져 있는 까망이를 품에 안고 기다리고 있자니, 제 눈에서도 눈물이 뚝뚝 흘렀습니다. 의식을 회복해서 집에 돌아왔지만, 까망이는 여전히 늘어져 있었지요. 그러다 갑자기 술 취한 고양이처럼 비틀비틀 고양이 화장실을 향해 힘겹게 걸어가서는 앞다리와 상체를 모래 위에 걸치고 뒷다리는 넘어가지 못한 채로 바닥에 용변을 보고 말았어요. 참, 어찌나 마음이 짠하던지. 힘들면 그냥 누워서 봐도 되는데….

　'마리'는 이미 3살이 넘은 시기에 중성화 수술을 받게 되었습니다. 수컷이었던 까망이의 수술보다 암컷 중성화 수술을 받아야 하는 마리의 수술 후 관리는 길고 복잡했습니다. 복부 절개 부위를 핥지 못하게 환묘복을 입혀 놓았기 때문에 마리는 스트레스도 엄청 받았습니다. 청소년기에 중성화 수술을 치른 까망이와 달리, 이미 여러 번 발정을 겪은 마리는 중성화 수술 이후 이전과 같은 양의 사료를 먹었는데도 팝콘이 터지듯이 몸통이 뻥 부풀고 말았습니다. 데려올 때 체중이 2.5kg이었는데, 수술받고 2~3달 후에 5.5kg로 불어난 것이죠. 6개월령에 이미 체중 7kg에 도달한 까망이는 1살이 넘어설 무렵에는 10kg가 넘는 대형 고양이로 성장했습니다. 물론 아랫배가 두둑한 체형이었지만, 예비 수의사 집사는 흐린 눈을 하고 '우리 고양이는 워낙에 뼈대가 큰 고양이라 과체중 정도야~' 하고 말았습니다. 하지만 마리는 아무리 흐린 눈을 하고 봐도 비만 고양이가 되어서, 날쌔게 뛰어오르던 높은 자리에 도무지 올라가지 못하게 되었습니다. 이후 체중과의 전쟁이 이어졌지만, 발정 스트레스로 소모되는 에너지가 없어진 성묘의 체중 관리는 너무나 힘들었습니다. 그래서 그 뒤로 들어온 고양이들은 중성화 수술 후 한두 달간은 혹독할 정도로 식사량 관리를 하게 되었지요. 성묘가 된 후에 중성화 수술을 받게 되면 사료를 2/3 정도로 줄여야 합니다.

'밤이'와 '흑임자'는 길고양이 자매로, 길고양이 개체 수 조절을 위한 중성화 수술 시행 사업(TNR)으로 통덫에 잡힌 채 동물병원으로 들어왔습니다. 수술 후 3일간 회복 기간이 지나 다시 길로 방사되었는데, 그 지역의 고양이를 돌보던 캣맘이 수술 부위가 덧난 것 같다며 다시 포획해서 데려왔습니다. 밤이와 흑임자는 둘 다 켈로이드 피부 체질처럼 수술 부위가 잘 붙지 않는 타입이었어요. 수술 부위가 아물 때까지 병원에 입원하게 되었는데, 처음엔 사람을 몹시 경계하던 녀석들이 며칠 지나자 입원장에 적응해서 사람 손을 타기 시작했습니다. 병원 직원들의 귀여움을 독차지하던 청소년 냥이 2마리는 입양처를 찾아본다는 명목 혹은 핑계(?)로 동물병원에서 7년간 임보 중입니다.

고양이의 피부가 민감하거나 계속 그루밍하는 경우에는 수술 부위에 과도한 지유조직이 형성되면서 수술 부위가 벌어진 채로 잘 붙지 않는 상황이 발생합니다. 이 경우 피부 재봉합이 필요하고 이후 긴 기간 관리가 필요합니다.

▲ 밤이와 흑임자

Chapter 4

성년기
1살~7살까지

01. 성년기
02. 성년기에 자주 보이는 질환 및 대처법

01
성년기

고양이는 성년기인 1살~7살까지 묘생에 있어서 전성기를 맞게 됩니다. 신체의 성장이 완료되어 안정화되고 생활의 루틴도 생겼습니다. 일반적으로는 보호자가 별달리 신경 쓸 일이 없는 안정적인 시기입니다.

😺 성년기에 나타날 수 있는 행동의 변화 및 대처법

1살 이전의 어린 고양이 시절이 사회화 훈련기였다면, 이제부터는 본격적인 행동 문제가 나타날 수 있습니다. 어린 고양이 시절은 아직 다듬어지지 않아 좌충우돌하며 배워 나가는 시기였습니다. 그동안 주변 상황에 적응하고, 일상적으로 겪는 일들에 잘 대처하게 되었을 것입니다. 그러나 그 이후에 들어오는 동거묘와 문제가 있을 수도 있고, 겉으로 뚜렷하게 드러나지는 않지만 장기적인 스트레스로 인해 특발성 방광염 같은 신체 증상이 나타나기도 합니다.

고양이의 환경 풍부화는 보호자가 평생 가져가야 하는 과제입니다. 원래 사용하던 잠자리나 숨숨집이 낡아서 불편해질 수도 있고, 잘 가지고 놀던 장난감에 싫증을 낼 수 있으며, 물그릇이나 식기의 선호에 변화가 생기기도 합니다. 어떤 한 가지를 좋아했다고 평생 그 취향이 변하지 않는 것은 아닙니다. 우리 고양이의 취향은 고정된 것이 아니고 변할 수 있다는 점을 항상 기억하고, 변화에 맞춰 나가면 됩니다.

🐾 성년기 고양이의 위생 관리

우선, 고양이는 원래 털 관리를 알아서 잘하는 동물이어서 3살까지는 목욕을 시키지 않아도 더러워지거나 냄새가 나지 않습니다. 1살이 넘으면 눈에 띄게 털이 빠지기 시작하는데, 나이가 들어갈수록 빠지는 털의 양은 더 늘어납니다. 3살이 넘으면 꼬리 근처 엉덩이 쪽 털에 기름이 끼거나 등 쪽 피부에 비듬이 생기기 쉬우므로 목욕이 필요해집니다. 그러나 목욕이 필요해지는 나이가 되어서 목욕을 시작하면 습관이 되지 않아 고양이의 저항이 극심하므로 이전부터 정기적으로 목욕을 하는 습관을 유지합니다.

또한, 발톱 정리 시간은 발의 통증이나 발가락 사이 피부 이상을 체크하는 기회이므로 꼼꼼하게 살펴보도록 합니다. 한편, 양치질을 자주 해 주는 고양이라도 2~3년에 한 번은 스케일링을 받는 것이 좋습니다. 잇몸 염증, 구내염이 생기지 않는지 자주 체크합니다. 염증이 심해지기 전 잇몸의 염증 라인을 살펴보세요.

마지막으로, 고양이의 항문 내부에는 영역 표시용으로 사용하는 액체 주머니가 있습니다. 이것을 '항문낭'이라고 하는데, 항문의 4시 및 8시 방향의 근육 내부에 위치합니다. 집 안에서는 그다지 사용할 일이 없어서 항문낭 내에 항문낭액이 차게 되므로 종종 짜 주는 것이 좋습니다. 항문낭액이 오래 차 있게 되면 걸쭉하게 굳어지면서 항문낭 입구를 막아 염증이 생깁니다. 항문 주변이 벌겋게 붓거나 피부가 터지기도 하므로 엉덩이와 항문낭 주변을 가끔은 살펴보세요.

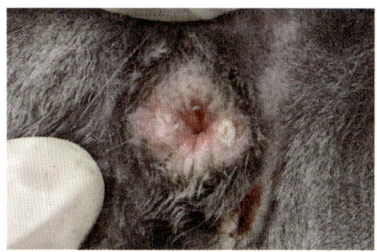
▲ 고양이 항문낭

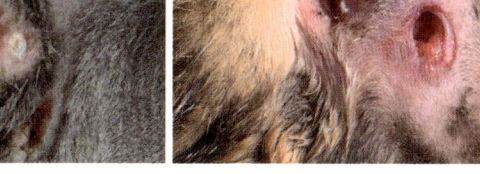
▲ 고양이 항문낭염으로 터진 피부

🐾 성년기 고양이의 일반적인 건강 상태 체크 방법

고양이 보호자를 대상으로 한 설문조사에서 고양이가 사람 말을 할 수 있다면 보호자가 가장 듣고 싶은 말은 무엇이냐는 질문에 "나 지금 XX가 아파."라고 말해 주는 것을 듣고 싶다는 답변이 가장 많았습니다. 그만큼 보호자는 고양이의 건강 상태나 질병을 알기 어렵습니다. 고양이는 질병이나 통증을 숨기려고 애쓰는 동물이기 때문입니다. 고양이의 일상생활 루틴을 잘 알아 두고 평소와 다른 모습이 나타나는 것 같다면 주의 깊게 관찰해야 합니다.

•• 고양이 얼굴로 건강 상태 체크 ••

고양이의 눈매, 귀의 위치와 각도, 수염의 각도와 탄력으로 고양이의 통증 여부를 알아보기도 합니다. 평소 통증이 없는 상태의 고양이는 귀가 위쪽을 향해 쫑긋하고, 눈을 동그랗게 뜨고 있으며, 수염은 탄력 있게 뻗어 있습니다. 통증이 심할수록 귀는 양쪽으로 벌어져 쳐지고, 눈을 가늘게 뜨며, 수염도 힘없이 쳐지게 됩니다.

▶ 고양이 표정

▲ 정상적인 고양이 표정　　▲ 중증도의 통증을 느끼는 고양이 표정　　▲ 심한 통증을 느끼는 고양이 표정

(일러스트: 정유하)

•• 체중 관리 ••

기초 예방접종 이후 고양이의 건강관리에서 가장 중요한 건 체중 관리입니다. 10~12개월이 되면 고양이는 성장이 완료되므로, 이후에 체중이 증가한다면 이것은 성장하는 것이 아니고 비만으로 진행되는 것입니다. 단, 렉돌이나 노르웨이숲 고양이 같은 대형 품종은 14개월령까지 성장하므로 예외입니다. 모든 고양이의 적정 체중이 일률적으로 같은 것은 아닙니다. 골격이 크고 체고(몸의 높이)가 높은 고양이가 체구가 작은 고양이와 적정 체중이 같을 수는 없습니다. '체중이 몇 kg 이상이면 비만이다.'라고 보는 것이 아니고, 근육 모양과 분포, 배와 옆구리의 형태를 살펴보고 비만도를 측정합니다.

▶ 신체충실지수의 기준, Body Condition Scale(BCS)

BCS 1	매우 마름	갈비뼈, 등뼈, 엉덩이뼈가 드러나며 살이 덮여 있지 않아 쉽게 만져진다.	
BCS 2	마름	갈비뼈, 등뼈, 엉덩이뼈가 쉽게 만져지지만, 살이 약간 붙어 있다.	

BCS 3	정상	갈비뼈, 등뼈가 만져지지만, 겉으로 드러나 보이지 않고 적당히 살이 붙어 있다. 허리와 아랫배에 약간의 지방이 있다.	
BCS 4	과체중	갈비뼈, 등뼈가 잘 만져지지 않고 중등도 이상의 지방이 붙어 있다. 허리선이 보이지 않고 아랫배가 둥글다.	
BCS 5	비만	갈비뼈, 등뼈를 찾기 어렵고 지방이 몸 전체에 다 붙어 있다. 아랫배가 심하게 쳐져 있다.	

(일러스트: 정유하)

고양이의 체중 관리를 위해 보호자는 평소 고양이의 사료 섭취량, 수분 섭취량, 배변 및 배뇨량을 파악하고 있어야 합니다. 사료 포장지에는 체중에 따른 사료 급여량이 표시되어 있습니다. 하지만, 고양이의 체중 상태를 보고 추천량보다 줄이거나 늘려서 급여하는 것이 좋습니다. 물을 갈아 줄 때마다 얼마나 줄었는지 계량컵으로 재 보면 대략의 음수량을 알 수 있습니다. 고양이의 1일 급수량은 체중 1kg당 40ml 정도입니다. 습식 사료를 주식으로 한다면 음수량을 좀 더 줄여도 됩니다.

•• 생활 변화 체크 ••

우리 고양이의 수면 시간과 패턴, 활동 타입도 잘 알고 있어야 합니다. 우리는 고양이의 상태 변화를 무심코 흘려보내기 쉽습니다. 질병을 나타낼 수 있는 신호를 세심하게 잘 살펴보도록 합시다.

▶ 보호자가 주의 깊게 봐야 하는 고양이의 변화

① 배뇨, 배변의 실수

② 보호자에게 보이는 반응의 변화

③ 활동성의 변화

④ 수면 습관의 변화

⑤ 음수량, 식사량의 변화

⑥ 이유 없는 체중 변화

⑦ 그루밍의 변화(늘거나 줄어듦)

⑧ 울음소리의 변화

⑨ 우울함

⑩ 입냄새

▶ **고양이의 나이 변환표**

	고양이 나이	인간 나이
새끼 고양이 (탄생부터 6개월까지)	– 0개월~1개월 – 2개월~3개월 – 4개월 – 6개월	– 0살~1살 – 2살~4살 – 6살~8살 – 10살
청소년기 (7개월부터 2살까지)	– 7개월 – 12개월 – 18개월 – 2살	– 12살 – 15살 – 21살 – 24살
성년기 (3살부터 6살까지)	– 3살 – 4살 – 5살 – 6살	– 28살 – 32살 – 36살 – 40살
성숙기 (7살부터 10살까지)	– 7살 – 8살 – 9살 – 10살	– 44살 – 48살 – 52살 – 56살

장년기 (11살부터 14살까지)	− 11살 − 12살 − 13살 − 14살	− 60살 − 64살 − 68살 − 72살
노년기 (15살 이상~)	− 15살 − 16살 − 17살 − 18살 − 19살 − 20살 − 21살 − 22살 − 23살 − 24살 − 25살	− 76살 − 80살 − 84살 − 88살 − 92살 − 96살 − 100살 − 104살 − 108살 − 112살 − 116살

•• 다묘 사육하며 개별 고양이 건강 상태 파악하기 ••

고양이가 한 마리일 때는 사료 섭취량, 수분 섭취량, 배변 및 배뇨량을 살펴보는 것이 비교적 쉽지만, 고양이가 두 마리 이상이면 어려워집니다. 각자에게 맞는 사료를 급여하는데, 서로의 음식을 탐내어 밥그릇을 바꿔 먹는 일이 비일비재하고, 다른 아이의 밥그릇을 빼앗아 가기도 하며, 고양이 화장실에 있는 배설물은 어느 고양이의 것인지 구별하기 어렵습니다. 게다가 외출하고 돌아와 보니 집 안에 구토물이 있다면, 누가 토한 것인지 특정하기가 불가능합니다. 고양이는 통증과 질병을 숨기는 본능이 있어서 얼핏 보면 질병을 구별해 내기 쉽지 않지요.

평소 고양이들의 개별 루틴을 파악하는 것이 중요합니다. 고양이들이 내키는 대로 생활하는 듯이 보이지만, 며칠간 기록하며 관찰하면 본인의 생체 시계에 맞추어 정해진 일정이 있다는 것을 알 수 있습니다. 기상 시간이 정해져 있고, 화장실에 가는 타이밍도 대략 정해져 있습니다. 하루 중 3회 정도 시간을 정해서 고양이 화장실을 청소해 보면, 고양이의 용변 시간을 알 수 있어요. 고양이가 용변을 보고 나온 후 확인해 보면, 고양이마다 대소변의 크기나 양이 약간씩 차이가 납니다. 유난히 변 냄새가 심한 아이도 있고, 볼일을 본 후 모래는 덮는 소리나 스타일도 약간씩 다릅니다.

사료를 먹고 나서 꼭 물을 먹는 고양이도 있고, 물그릇의 물을 갈아 주자마자 물을 먹으러 오는 고양이도 있습니다. 고양이의 물을 갈아 줄 때는 물이 줄어드는 양을 잘 체크해 두세요. 물을 담아 줄 때 항상 정해진 양을 채우고 물을 갈아 줄 때 남아 있는 물의 양을 재 보면, 고양이가 먹은 양을 알 수 있습니다. 저울로 잰 듯 정확하지는 않고 어느 고양이가 어느 만큼 먹었는지 알 수는 없지만, 하루에 어느 정도의 물을 소모하는지 대략적으로라도 알 수 있으면 음수량이 줄었다는 사실 자체는 빨리 알아챌 수 있습니다.

최근에는 고양이의 목걸이에 태그(tag)가 달려 있어서 급수기에서 물을 마실 때마다 어느 고양이가 얼마 동안 물을 마셨는지 스마트폰에 표시되는 급수기, 지정된 고양이에게만 뚜껑이 열리도록 설계된 급식기 등 첨단 스마트 제품들이 개발되어 있으니, 다묘 가정에서 활용하기에 좋습니다.

일상 패턴에 변화가 나타났다는 것은 고양이가 어느 정도 불편감을 느낄 정도로 질병이 진행되었다는 뜻이기도 합니다. 아직 변화가 뚜렷하지 않을 때 정기적인 건강검진을 통해 질병으로 진행되기 전 예방 조치들을 취하는 것이 최선입니다. 건강검진은 보통 '7세 이전 젊은 고양이용'과 '7세 이상 장년기 고양이용', '9살 이상 노령기 고양이용'으로 나누어져 있고, 나이가 들수록 검진 항목이 더 추가되게 됩니다. 건강하고 젊은 시기라 하더라도 혈액 생화학 검사, 혈구 검사, 방사선(엑스레이) 검사, 복부 초음파 검사는 2~3년마다 받기를 추천합니다.

🐾 성년기 고양이의 동물병원 방문

　어릴 때 동물병원을 잘 가던 고양이들도 나이가 들면 변합니다. 예방접종 시기에 외출도 잘하고 동물병원을 무서워하지 않았던 고양이들이 한동안 동물병원에 가지 않다 보면 동물병원을 낯설어하게 됩니다. 1살이 넘으면 익숙하지 않은 환경에 대한 거부감이 생기기 시작하며, 이런 거부감은 나이가 들어감에 따라 더 심해집니다.

　어릴 때 별 무리 없었던 동물병원 나들이였는데, 갑자기 고양이가 소리를 지르고 사납게 굴게 되면 보호자는 당황하게 됩니다. 이후 동물병원에 가는 것을 피하려고 애쓰게 되기도 합니다. 보호자가 동물병원에 가는 것에 걱정과 스트레스를 갖게 되면 병원에 가기 전부터 보호자의 스트레스 호르몬이 체취와 함께 퍼져 나가게 되므로, 고양이는 걱정스러운 일이 닥쳐온다는 것을 느끼고 불안해하게 됩니다. 여러 번 강조하지만 고양이를 키우는 것에 있어서 가장 중요한 것은 보호자의 평온한 마음입니다. 만사를 무던하게 받아들이도록 애써 봅시다.

　고양이가 동물병원에 갈 때 너무 흥분하고 힘들어한다면, 진료 전 보호자가 먼저 동물병원을 방문해서 안정제를 처방받아 미리 먹인 후 동물병원으로 출발하는 방법을 추천합니다. 불안과 흥분을 완충 역할 없이 반복적으로 경험하게 되면, 두려움이 계속 더 지라게 됩니다. 고양이 자신도 안정제를 먹고 좀 더 편안한 마음으로 동물병원 진료를 경험하는 것을 반복하다 보면, 두려움도 줄어들고 더 침착하게 행동하게 됩니다.

　고양이가 진료받으러 동물병원에 갈 때는 반드시 진료 예약을 해서 병원에서의 대기 시간을 줄이고, 익숙한 주치의에게 진료를 받도록 합니다. 집에서는 이동장에 들어가고 싶어 하지 않더라도, 동물병원에서는 이동장 밖으로 나오기 싫어하는 동물이 고양이입니다. 이동장에서 억지로 끌어내거나 털어내는 과정에서 고양이의 두려움은 이미 극에 달할 수 있습니다. 동물병원 내원 시 이동장은 바닥이 단단하고 문을 완전히 떼어낼 수 있고 윗뚜껑이 열리는 형태여야 합니다. 고양이가 무서워할 때 이동장 윗뚜껑만 열고 담요를 덮어 진료를 볼 수 있어서 불안감을 줄여 줍니다.

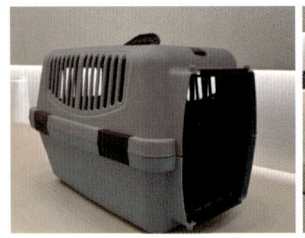

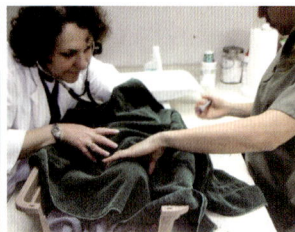

▲ 고양이 이동장　　　　　　　　　　　▲ 고양이 이동장 뚜껑을 열어서 바로 진료를 보는 모습

▶ **고양이의 진료 시에 보호자의 행동 요령**

① 고양이는 공복 상태로 병원에 오는 것이 좋습니다.

② 차분하게 대기하고, 고양이의 이름을 부르며 달래려고 말을 걸지 마세요.

③ 고양이가 좋아하는 간식을 소량 줘도 좋습니다. (단, 수술, 구토, 설사 시에는 금지)

④ 고양이가 진료실에서 신경질이나 화를 내는 것은 당연한 행동입니다. 보호자는 당황하거나 큰 소리로 고양이를 야단치지 말고, 억지로 달래려고 하지 마세요.

⑤ 동물병원의 스태프들은 고양이의 흥분에 대처할 준비가 되어 있습니다. 보호자에게 도움을 요청하기 전에는 침착하게 기다려 주세요.

⑥ 작은 소리로 말하고 천천히 움직이며 고양이를 똑바로 쳐다보지 않습니다.

⑦ 진료가 끝나고 집에 돌아가면, 동거묘와 바로 만나게 하지 말고 다른 방에서 잠시 쉬게 하세요.

⑧ 집에서 쓰던 담요나 수건으로 얼굴 주변과 몸을 문질러서 병원 냄새를 덮어 주세요.

⑨ 잠시 쉬게 한 후 물을 먹도록 하고, 30분 정도 기다렸다가 간식이나 사료를 주세요.

Key Point

평소 건강한 고양이에게 가짜 약 먹이기 훈련을 하자

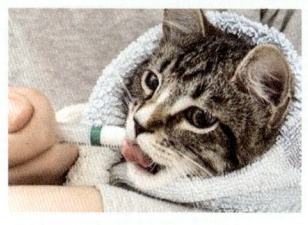

▲ 고양이에게 약 먹이기

아무리 건강한 고양이라도 나이가 들어가면서 병원 치료를 받아야 하는 순간이 오게 됩니다. 몸이 아파서 날카로워진 고양이가 '약을 참고 먹어야 몸이 나아진다'라는 사람의 생각을 이해할 수 있을 리가 없겠죠. 그래서 평소 건강할 때, 작게 자른 간식이나 사료로 알약 먹이는 연습을 자주 해 두는 것이 좋습니다. 보호자가 처음에 약을 먹이다 실패하더라도 고양이가 좋아하는 음식이기 때문에 심하게 반항하지 않고 떨어진 것을 주워 먹기도 합니다. 그러면서 알약 먹이기에 같이 익숙해지도록 하면, 몸이 아플 때 훨씬 수월하게 약을 먹일 수 있습니다. 고양이용 우유나 파우치 국물을 이용해서 주사기로 물약 먹이기 연습도 함께 해 두도록 합시다.

성년기에 자주 보이는 질환 및 대처법

고양이는 현재 가장 건강하고 젊은 시기이지만, 유전적인 질환이나 품종별 발생 질환, 스트레스성 질환, 호기심에 의한 사고가 생길 수 있습니다.

🐾 선천적 유전성 질환

청소년기~청년기 사이에 발견되는 선천적 유전성 질환들은 외부 요인에 의한 것이 아니므로 치료도 어렵습니다. 유전자 검사 또는 초음파 검사, 혈액검사 등으로 진단합니다. 완전한 치료는 불가능하며, 증상을 완화시키고 합병증을 관리하는 치료를 합니다.

▶ **다낭성 신장병(PKD, Polycystic kidney disease)**

신장에 체액이 차 있는 낭종이 다수 형성되는 질환으로, 신장이 제대로 기능하지 못합니다. 특별한 임상 증상 없이 지내다가 중년 이후 신부전 증상을 보입니다.

　- 다발 품종: 페르시안, 엑조틱, 히말라얀

▶ 비대성 심근병증(HCM, Hypertrophic cardiomyopathy)

고양이에게 가장 흔한 심장 질환으로, 심실 벽이 두꺼워지고 심근의 펌프 기능이 떨어지는 것이 특징입니다. 이르게는 6개월령 무렵에 발견되기도 합니다.

- 다발 품종: 페르시안, 메인쿤, 렉돌, 렉스

▶ 확장성 심근병증(DCM, Dilated cardiomyopathy)

심방이 확장되어 심장이 잘 수축하지 못해 심장 기능이 떨어지는 질환으로, 흔치 않습니다. 사료에 타우린이 부족한 경우 유전과 상관없이 나타날 수 있습니다.

- 다발 품종: 샴, 아비시니안, 버미즈

▶ 진행성 망막위축증(PRA, Progressive retinal atrophy)

고양이의 망막이 점차 퇴화되면서 실명에 이르게 되는 질환입니다. 선천적인 망막위축증에 치료 방법은 없습니다. PRA 유전자를 가지고 있는 고양이는 번식하지 않도록 합니다. 가정 내에서 가구 위치를 바꾸지 않고 안정적인 환경을 제공해 주면 시력을 잃어도 잘 적응합니다.

- 다발 품종: 아비시니안, 페르시안, 벵갈

▶ 피루브산 카이네이즈 결핍증(PK, Pyruvate kinase deficiency)

적혈구에 존재하는 효소인 피루브산 카이네이즈가 부족하여 적혈구의 수명이 단축되고 이로 인해 빈혈이 발생합니다. 주 증상은 기력 저하, 식욕 저하로 나타납니다. 완치가 불가능해서 빈혈이 나타날 때마다 조혈제나 수혈 같은 빈혈 치료를 합니다.

- 다발 품종: 아비시니안, 소말리, 벵갈

▶ **스코티시 폴드 연골이형성증(SFC, Scottish fold osteochondrodysplasia)**

스코티시 폴드 종에서 나타나는 유전 질환으로, 연골과 관절의 성장에 이상이 생겨 심한 관절염이 나타나며 통증이 심해 보행에도 문제가 생기는 질환입니다. 진통제와 관절 보조제를 사용하며 움직이는 데 무리가 없도록 집 안 환경을 조절해 주어야 합니다.

— 다발 품종: 스코티시 폴드

▶ **고양이 단두종 증후군(Brachycephalic syndrome)**

얼굴이 납작한 단두종의 고양이에게 코나 목, 기관이 비정상적으로 좁아서 나타나는 호흡기 증후군입니다. 비강협착, 연구개 노장, 기관 허탈 등이 나타날 수 있습니다. 호흡이 힘들고, 코피와 코딱지가 자주 발생하며, 눈물과 눈곱이 항상 껴 있어서 눈과 코 사이의 피부가 헐기도 합니다. 호흡곤란이 심한 경우 교정 수술을 합니다.

— 다발 품종: 페르시안, 히말라얀, 스코티시 폴드

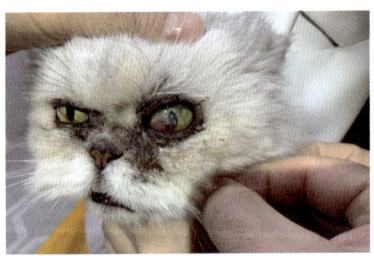 

▲ 고양이 단두종 증후군　　　▲ 고양이 단두종 증후군으로 인한 결막염

🐾 하부 요로기 질환

고양이는 강아지에 비해 방광과 소변에 관한 문제가 자주 생기는 편입니다. 소변을 볼 때 아파하거나 잘 못 보는 것이 대표적인 증상입니다. 고양이는 다양한 이유로 배뇨곤란을 겪을 수 있습니다. 고양이가 방광과 요도의 질환으로 소변을 잘 못 보는 증상을

모두 합쳐서 '하부 요로기 질환(FLUTD, Feline Lower Urinary Tract Disease)'이라고 부릅니다. 방광염은 고양이 하부 요로기 질환 중 한 가지입니다.

고양이 하부 요로기 질환이 나타나는 원인으로는 방광염, 요도 플러그(Urethral plug), 방광 결석, 비뇨기 기형, 비뇨기 종양 등이 있습니다. 초음파 검사, 방사선 검사, 소변 검사를 통해 원인을 파악하고, 각각의 원인에 따라서 방광 내부 정밀 검사, 수술, 방광 세척 등으로 치료 방법이 달라집니다.

•• 고양이 방광염 ••

▶ 방광염이란?

고양이 하부 요로기 질환 중에서 가장 많은 비중을 차지하는 것이 방광염입니다. 방광염은 방광 내부에 염증이 생겨서 방광 내벽이 헐고, 통증이 심하며, 방광 내 출혈이 일어나는 질병입니다.

방광염은 세균의 외부 감염으로 인해 발생하는 '세균성 방광염'과 세균 감염 없이 무균성으로 발생하는 '특발성 방광염'으로 구분됩니다. 고양이에게 세균성 방광염의 발생 빈도는 높지 않고, 특발성 방광염이 자주 발생합니다. 그러나 세균의 감염 여부를 확인하는 것이 중요하므로 세균 배양 검사를 같이 진행하는 것을 추천합니다. 방광염에 걸린 고양이는 아래와 같이 다양하게 소변 문제를 일으키게 됩니다.

▶ 방광염의 증상

- 소변을 보면서 큰 소리로 운다.
- 화장실에 오래 쭈그려 앉아 있는데, 나오는 소변은 매우 적거나 없다.
- 소변에 피가 섞여 있다.

- 매시간 화장실을 들락거리며 소량씩 소변을 본다.
- 리터박스(화장실) 밖이나 욕실, 침대, 카펫 등에 소변을 본다.
- 아랫배나 생식기 주변을 심하게 핥는다(오버그루밍).
- 안절부절못하고 계속 운다.

소변을 보는 데 곤란한 증상뿐만 아니라 오버그루밍이나 침대에 소변을 보는 행동 이상을 보이기도 하기 때문에, 보호자는 고양이가 심술을 부린다고 생각하거나 피부병으로 착각하는 경우도 있습니다.

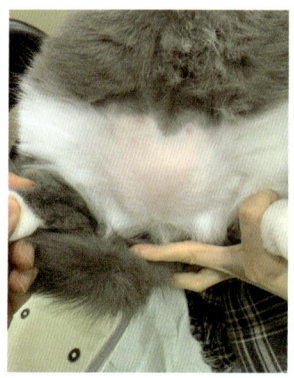

▲ 복부 통증, 오버그루밍으로 인한 하복부 탈모 증상

▶ **방광염의 원인과 잘 걸리게 되는 조건**

세균성 방광염은 세균 감염이 주요 원인이고, 특발성 방광염은 유전적인 요인과 스트레스가 주요 원인입니다. 특발성 방광염의 원인은 오랜 기간 쌓여 온 생활 스트레스가 큰 부분을 차지하는데, 대표적인 스트레스가 같이 사는 동물과의 불편한 관계입니다. 고양이의 기본 생활 환경에서 내 자리나 내 물건을 계속 빼앗기거나, 식사나 화장실 사용에 계속 방해를 받는 것이 원인이 됩니다. 그 외에 중성화된 수컷 고양이, 비만, 운동 부족, 음수량 부족, 2~7살 사이의 고양이라면 특발성 방광염에 걸리기 더 쉬워집니다.

▶ **방광염의 치료와 예방**

　세균성 방광염으로 진단되면 세균 배양을 통해 선택된 항생제를 3주 이상 꾸준히 사용하여 세균이 더 이상 나오지 않는 것이 확인될 때까지 꾸준히 치료를 받아야 합니다.

　특발성 방광염은 단순히 방광에만 국한된 것이 아니고, 뇌하수체에서 과다하게 분비된 신경전달물질이 방광 내 염증을 심화시키게 됩니다. 무엇보다도 통증이 심하고, 그 통증이 염증을 더 심화시키는 악순환을 하게 됩니다. 그러므로 시간이 지날수록 방광 내벽이 심하게 손상되어, 방광벽이 두꺼워지고 방광의 신축성이 줄어들게 되는 만성 방광염으로 진행될 수 있습니다. 방광은 풍선처럼 부드럽고 신축성이 좋아야 하는데, 두껍고 딱딱해져서 제 기능을 못 하게 됩니다.

　고양이가 배뇨 곤란의 증상을 보이는 것은 응급 상황이므로 기다리지 말고 빨리 동물병원에서 치료를 받아야 합니다. 특발성 방광염에는 항생제 외에도 진통제와 스트레스 완화제의 사용이 중요하고, 약 처방을 길게 받게 됩니다. 약을 먹으면 증상은 빠르게 좋아지지만, 증상이 좋아졌다고 약을 빨리 중단하면 금방 재발하게 됩니다. 약의 복용과 함께 고양이의 생활을 전반적으로 점검하고, 고양이가 스트레스를 받는 부분을 수정해 주는 것도 치료 과정 중 하나입니다.

Key Point

특발성 방광염 확인을 위한 환경 체크 표

화장실 관리	YES	NO
– 이층집인 경우 층마다 한 개 이상의 화장실이 있나요?		
– 고양이가 화장실을 사용하는 동안 다른 동물이 몰래 다가갈 수 없는 곳에 화장실이 위치하나요?		
– 화장실 근처에 자동 작동하는 가전제품(에어덕트, 공기청정기 등)이 있나요?		
– 화장실 모래는 항상 깨끗하게 유지되고 있나요? (적어도 하루에 한 번 청소하나요?)		
– 향이 강하지 않은 세제(ex. 식기 세척용 세제)를 이용하여 일주일에 한 번 이상 화장실을 씻어 주나요?		
– 무향의 굳는 모래를 사용하고 있나요?		
– 화장실 모래 제품이나 타입을 한 달 이내에 바꾼 적 있나요?		
– 화장실 모래 종류를 바꿀 때 이전 사용하던 모래와 다른 박스에 담아 고양이가 원하는 모래를 선택해서 사용할 수 있도록 해 주었나요?		
– 동거묘들이 각자 사용할 수 있는 화장실이 있고, 사용하는 동안 환기가 잘 되고 프라이버시를 지킬 수 있는 위치에 두었나요?		

음식과 물	YES	NO
– 각각의 고양이들은 본인의 음식과 물그릇을 가지고 있고, 접근하기 편안하며 먹는 동안 방해받지 않고 있나요?		
– 고양이가 사료를 먹는 동안 다른 동물이 몰래 접근할 수 없는 위치에 있나요?		
– 고양이 물그릇, 밥그릇은 자동 작동하는 가전제품(에어덕트, 공기청정기 등)에서 멀리 떨어져 있나요?		
– 음식과 물은 신선하게 유지되고 있나요? (하루 한 번 갈아 주기)		
– 그릇은 정기적으로 씻어 주고 있나요? (일주일에 한 번, 부드러운 세제)		
– 사료 제품이나 타입을 한 달 이내에 바꾸었나요?		
– 다른 종류의 사료를 먹일 때 이전에 먹이던 사료와 다른 그릇에 담아 고양이가 원하는 것을 먹도록 해 주었나요?		

집 안 환경에서의 고려점	YES	NO
– 스크래처가 있나요?		
– 장난감이 있고 정기적으로 바꿔 주나요?		
– 각자의 고양이가 원할 때마다 좀 더 시원한 장소 혹은 따뜻한 장소로 편하게 이동 가능한가요?		
– 각각의 고양이가 두려울 때 피할 수 있는 각자의 숨는 공간이 있나요?		
– 각각의 고양이는 원할 때 방해 없이 가서 있을 수 있는 선호 공간이 있나요?		
휴식	YES	NO
– 각각의 고양이는 편리한 공간에 방해받지 않고 쉴 수 있는 본인만의 공간이 있나요?		
– 고양이가 쉬고 싶을 때 그 공간에 다른 동물이 몰래 접근할 수 있나요?		
– 쉬는 장소 근처에 자동 작동하는 가전제품(에어덕트, 공기청정기 등)이 있나요?		
– 방석을 바꿀 때 이전에 사용하던 방석과 나란히 두어 고양이가 원하는 것을 선택할 수 있도록 해 주었나요?		
– 각각의 고양이들이 본인이 원할 때 자유롭게 돌아다니고 탐색하고 놀이하고 오르고 스트레칭할 수 있나요?		
– 각각의 고양이가 다른 동물이나 보호자와 놀이를 하고 싶을 때 자유롭게 할 수 있나요?		

🐾 탈모 질환

    탈모에는 몇 가지 형태가 있습니다. 동그랗게 원형으로 빠지는 경우, 정해진 모양 없이 털이 듬성해지는 경우, 몸의 양측이 대칭적으로 숱이 줄어드는 경우 등이 있는데, 각각의 원인이 다릅니다. 탈모 증상이 나타나면 동물병원에 데려가서 진료를 받아야 합니다. 보호자들은 탈모가 나타나면 피부병인 피부사상균증(링웜)이 아닌가 깜짝 놀라곤 합니다. 피부사상균증(링웜)은 전염병이므로, 집에 피부사상균증(링웜)균을 가지고 있는 고양이가 새로 입양된 경우에 나타납니다. 길고양이를 돌보거나 동물보호소에 봉사활동을 다녀온 보호자가 균을 옮기는 경우도 있습니다. 탈모가 무조건 피부사상균증(링웜)은 아니므로 동물병원에서 원인을 찾아야 합니다.

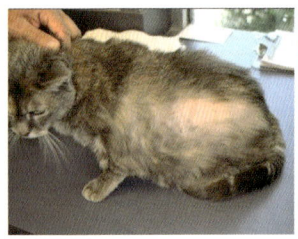 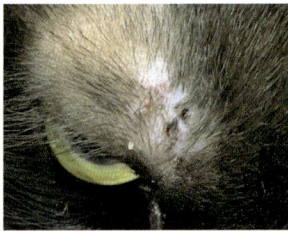 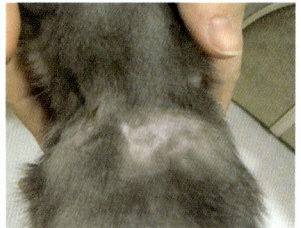

▲ 고양이 탈모

🐾 치과 질환

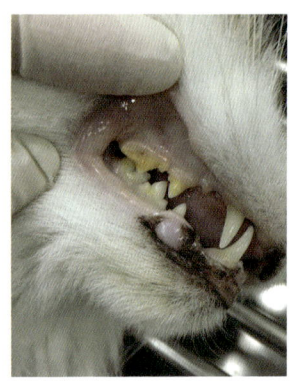

▲ 고양이의 일반 치석

고양이는 사람과 달리 충치가 생기지 않지만, 치석이 많이 쌓이면 잇몸 염증을 일으킵니다. 일반적인 치석은 스케일링으로 제거가 가능합니다. 고양이의 주요 치과 질환은 구내염과 치아 흡수 질환이며, 통증이 심하고 밥을 잘 못 먹게 만들 수 있어 조기 확인과 치료가 중요합니다.

•• 구내염 ••

만성 구내염은 흔히 치은염부터 시작되는데, 고양이의 면역세포가 입 안쪽의 점막과 잇몸을 스스로 공격해서 생기는 병입니다. 잇몸뿐만 아니라 볼 안쪽, 입천장까지 염증이

번질 수 있습니다.

▶ **구내염 증상**

- 밥을 먹다가 자꾸 멈추거나 한쪽으로만 씹는다.
- 입을 만지면 싫어하고, 때로는 공격적인 행동도 보인다.
- 침을 많이 흘리거나 입냄새가 심하다.

고양이 구내염은 약만으로는 완치가 어렵고, 잇몸을 자극하는 치아를 발치하는 치료가 필요합니다. 보조적으로 면역 억제제를 함께 사용하는데, 발치 이후에도 약물치료를 지속해야 하는 경우가 있습니다.

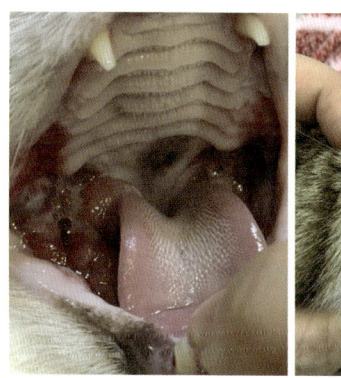
▲ 고양이 구내염

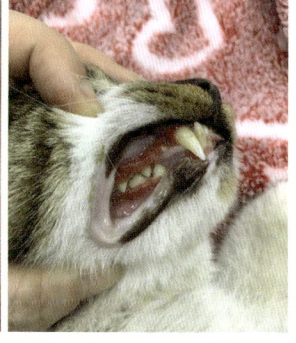
▲ 고양이 치은염

•• 치아 흡수 질환 ••

치아 흡수 질환은 치아 뿌리나 치아 표면이 점점 안에서부터 녹아 없어지는 질환입니다. 겉으로는 잘 안 보이지만 안쪽에서 심하게 진행되어 신경까지 노출되면 통증이 심해집니다.

▶ 치아 흡수 질환 증상

• 밥을 먹다가 갑자기 음식물을 떨어뜨리거나 입을 턴다.
• 딱딱한 음식은 피하고, 한쪽으로만 씹으려 한다.
• 특정 부위의 잇몸이 붉게 부어오른다.

치아 흡수 질환은 잘 모르고 있다가 스케일링 중에 우연히 발견되기도 합니다. 치아 상태를 X-ray로 확인하고, 필요하면 전체 또는 일부 치아를 제거하게 됩니다. 치아를 빼는 것이 너무 무섭게 들려 보호자가 걱정하는 경우가 많지만, 실제로는 아픈 치아가 있을 때보다 발치한 후 더 잘 먹고 더 편안해하며, 대부분 발치한 후에 통증이 사라지면 예민하던 행동도 유순해지는 경우가 많습니다. 고양이의 치과 질환은 특히 삶의 질을 떨어뜨리는 질병이기 때문에 초기에 진단하고 치료하는 것이 중요합니다.

🐾 지방간증

고양이의 간에 지방이 과도하게 쌓이면서 간이 제 기능을 못 하게 되는 질환입니다. '지방간' 또는 '지방간증(Hepatic lipidosis)'이라고 합니다. 고양이의 지방간은 보통 다른 질병이나 어떤 사건으로 사료를 오래 먹지 못했을 때 발생합니다. 고양이는 며칠만 제대로 먹지 않아도 몸속 지방이 빠르게 간으로 이동하면서 간세포를 손상시키며, 담낭염, 췌장염, 염증성 장 질환(IBD), 간염, 림프종 등의 다른 심각한 질병과 동반되는 경우도 있습니다. 특히 과체중이었던 고양이가 갑자기 식욕을 잃으면 매우 위험할 수 있습니다.

지방간은 초기에 치료하면 회복률이 높은 병이지만 치료가 늦어지면 생명을 위협할 수 있는 병입니다. 고양이가 2~3일 이상 밥을 안 먹는다면 바로 병원으로 데려가야 합니다. 그냥 기다리면 회복은 되지 않고 오히려 병을 키울 수 있습니다.

🐾 턱 여드름

고양이의 피지선이 과다하게 분비되면서 턱 아래나 입 주변에 여드름처럼 검은 각질, 딱지, 염증이 생기는 피부 질환입니다. 흔히 '턱드름'이라고 부르기도 합니다. 대부분은 가벼운 문제로 끝나지만, 세균이나 곰팡이에 감염되면 염증, 통증, 출혈이 나타나며 병원에서 치료받아야 합니다. 턱드름의 원인은 아직 명확하지 않지만, 피지선 과다분비, 그루밍 부족, 플라스틱 식기, 이물질 잔여물 등의 턱 피부 자극, 면역, 스트레스가 영향을 주는 것으로 보입니다.

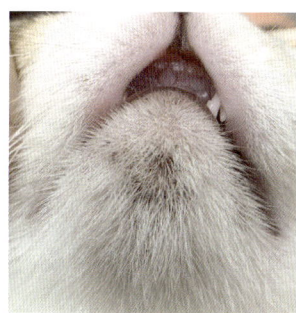
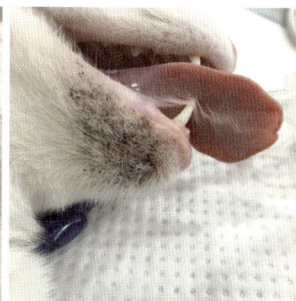
▲ 턱 여드름

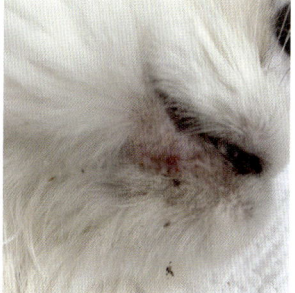
▲ 화농성 턱 여드름

🐾 중독 증상

고양이는 단맛을 느끼지 못해 사람용 약이나 집 안에서 사용하는 여러 종류의 용액들을 탐내지 않아서 스스로 먹는 경우가 거의 없습니다. 그래서 집에서 나타나는 고양이 중독 증상의 대부분은 집 안의 화분이 그 원인입니다. 고양이가 무언가에 중독되었을 때 보이는 증상은 다음과 같습니다.

- 멍해지는 증상
- 입술, 혀, 구강의 심한 자극이나 궤양
- 침 흘림, 쩝쩝거림
- 구토, 구역질
- 설사
- 음수량의 변화(늘거나 줄어듦)
- 소변량의 변화(늘거나 줄어듦)
- 몸을 떨거나 발작 증세
- 호흡곤란

원인을 정확히 알 수 없더라도 고양이가 중독에 의한 불편감을 보인다면 동물병원에 데려가서 진료를 받도록 합니다. 중독 증상을 일으키는 화초로는 백합, 튤립, 수선화, 히아신스, 철쭉, 스킨답서스, 아이리스, 산세베리아, 시클라멘, 소철 등이 있습니다. 캣닙, 캣그라스, 레몬그라스, 접란, 아레카야자, 칼라테아, 페퍼로미아 등 고양이에게 안전한 식물들도 있으니, 무조건 화분을 포기해야 하는 건 아닙니다. 하지만 식물과 고양이를 동시에 반려하려면 보호자가 부지런히 움직여야 하겠지요.

고양이가 열이 있거나 아플 때 보호자가 타이레놀, 부루펜 같은 사람용 진통제를 먹이는 경우가 왕왕 있습니다. 이런 사람용 진통제는 고양이에게 중독 증상을 일으켜 신장 손상을 가져오므로 절대 먹여서는 안 됩니다. 한편, 강아지와 함께 사는 고양이에게서 강아지용 외부 기생충 약 중독이 나타나기도 합니다. 몸에 바르는 스팟온(spot-on) 제제는 수의사와 상의하에 사용해 주세요.

🐾 이물 섭취

　보호자들이 동물병원으로 고양이를 안고 뛰어오는 이유 중 다수를 차지하는 것이 이물 섭취입니다. 고양이는 바지나 외투를 조이는 용도의 고무줄, 머리 묶는 고무줄, 마스크 끈을 즐겨 씹는데, 이빨로 끊어서 먹곤 합니다. 긴 실이나 털실을 핥다가 삼키기도 하는데, 기다란 선형의 이물은 씹어서 입에 들어가면 고양이 혀에 있는 돌기에 걸려 뱉지 못하고 계속 삼키게 되므로 특별히 주의해야 합니다.

　실리콘이나 고탄성 스펀지는 고양이가 즐겨 뜯어 먹는 물건들입니다. 이물 섭취는 빨리 발견하면 간단한 처치로 제거할 수 있지만, 시간이 지나면 수술로 제거해야 합니다. 보호자는 옷 정리나 집 안 정리를 게을리할 수 없습니다.

수의사의 에세이

성년기 고양이

고양이에게 성년기는 선천성 질환이나 유전 문제만 없다면 평온하게 흘러가는 시기입니다. 그러나 크고 작은 일들은 계속해서 일어납니다.

대학교를 졸업하고 고양이들과 본가로 다시 들어와서 지내던 저는 결혼을 하게 되었습니다. 신혼여행으로 10일 정도 집을 떠났다가 신혼집으로 들어가서 집을 정비하고 한 달쯤 후에 고양이들을 데려올 계획이었어요. 그런데 제가 한동안 보이지 않자, '마리'가 본가의 부엌, 싱크대, 욕조에 온통 소변 실수를 하기 시작했습니다. 마리는 실험실 출신이라는 독특한 이력으로 장소보다는 집사에 대한 집착이 있는 아이여서, 영역에는 변화가 없었더라도 집사가 보이지 않자 특발성 방광염이 시작된 것이었지요. 고양이는 대체로 영역에 집착하지만, 가족 구성원의 변화에 더 민감하게 반응하는 경우가 있는데 우리 마리가 그런 경우였어요. 새로 마련한 신혼집을 고양이 소변으로 망치면 어쩌냐고, 마리의 증상이 나아질 때까지 집에 두라고 부모님이 말리셨지만, 신뢰하는 가족이 보이지 않아 나타난 증상의 치료는 가족이 돌아오는 것으로 해결할 수 있다고 생각했지요. 다행히 저희 신혼집으로 데려오자 특발성 방광염 증상은 바로 사라졌습니다. 그리 길지 않은 여행이라 금방 회복되었지만, 긴 시간 떠나 있었다면 한동안 치료가 필요했을 거예요.

고양이들을 데리고 이동하는 과정은 시끄럽고 험난해서 저는 너무 당황해 버렸습니다. '까망이'는 어린 시절 나의 드라이빙 파트너였고, '간장이'나 '빠다'도 차를 타는 데 별 어려움이 없었거든요. 그런데 이동장에 들어가 차에 실리자, 고양이들은 긴장감과 불안으로 울어대기 시작했고, 까망이와 간장이는 이동장에서 똥까지 쌌습니다. 그 당시 아직 초보 수의사였던 저는 이동 스트레스를 줄이기 위해 안정제(스트레스 완화제)를 사용해야 한다는 사실을 간과해 버렸던 거죠. 한동안 고양이들과 차를 탈 일이 없었기 때문에 고양이들이 차에 대한 경험이 희미해져 버린 거예요. 지속적으로 계속 차를 탈 일이 있었다면 괜찮았을 텐데.

어렸을 때 외부 이동에 익숙했던 고양이도 한동안 외출이나 이동 없이 지내면 이동 공포가 생깁니다. 이사가 계획되어 있다면 이사 앞뒤로 1주일씩 총 2주간은 안정제를 처방받아 먹이는 것이 좋습니다. 불안한 마음 없이 새집이나 새로운 공간으로 이동해야 이후 적응도 순조롭습니다.

고양이들은 새집에 적응했는데, 유독 까망이만은 자리를 잡지 못하고 틈만 나면 현관문 앞에 앉아 울었습니다. 부르면 곁으로 오고 밥도 먹었지만, 향수병이 걸린 아이처럼 문만 바라보고 있었습니다. 그러다가 할머니와 부모님께서 새집 집들이를 오셨는데, 까망이가 할머니 무릎에 머리를 묻고 에옹~ 에옹~ 수다를 떠는 거예요. 할머니도 까망이가 없어서 너무 적적하고 보고 싶었다며 둘이 떨어지질 않았어요. 본가에서 지내는 몇 년 동안, 까망이는 거기를 자기의 영역으로 정했더군요. 그래서 저의 첫 고양이 까망이는 할머니의 고양이가 되어 본가로 돌아갔습니다. 외국에서는 새집을 사면 집에 딸린 고양이도 넘겨받는다고 들었는데, 제 고양이가 그럴 줄은 몰랐답니다.

어른이 된 고양이들은 각자 좋아하는 잠자리가 있었습니다. 침실문만 열어 놓으면 조용히 각자 자리에서 잠을 잤어요. 간장이는 속이 불편하면 꼭 제가 자는 침대에 와서 토했고, 어디가 아프거나 컨디션이 안 좋으면 이불에 와서 오줌을 쌌습니다. 자다가 봉변당하는 경우가 종종 있었지만, 아픈 것을 빨리 알 수 있다는 것은 장점이었죠.

첫 아이를 가졌을 때 임신중독증이 와서, 임신 후반부에 병원에 자주 가서 체크를 받게 되었습니다. 예정일은 1달 이상 남아 있었고 다음 날에 혈액검사 예약이 되어 있었던 밤이었는데, 고양이들이 모두 침대로 몰려와서 저의 어깨부터 발목까지 일렬로 붙어서 자는 거예요. 침대에 자러 오는 경우가 가끔 있었지만, 4마리가 모두 와서 같이 붙어 잔 건 처음이었죠. 그리고 다음날 검사 결과가 좋지 않았던 저는 바로 입원하고 출산을 하게 되어서 한 달 넘게 집에 돌아가지 못했습니다. 마치 일이 그렇게 될 것을 고양이들은 미리 다 알고 있었던 것 같았습니다.

산후조리가 끝나고 아이와 함께 집에 돌아오자 고양이들은 우왕좌왕했습니다. 집사가 '새끼'를 낳아 왔거든요. 고양이들은 아기가 '집사의 새끼'라는 것을 잘 알기 때문에 아기에게 해코지를 하지 않았습니다. 수컷 고양이는 보통 가까이 오지 않고 거리를 유지하고, 암컷 고양이는 육아에 도와줄 것이 없는지 주변에 와 있는 경향이 있습니다. 사람에 대해 공포심이 있는 마리는 아이 곁에 가까이 오지 않았지만, 제 손에서 분유를 먹고 자란 '짹콩이'는 이모 고양이로서 용감하게 육아에 참여했습니다. 밤중 수유를 하고 있으면 졸리는 얼굴로 옆에 앉아 있었습니다.

아기가 자고 있을 때는 옆에 누워서 지켜 주었고, 아기가 귀를 잡아당기는데도 상자에 같이 들어가 있어 주었습니다. 서툰 손으로 낚싯대를 아무렇게나 휘둘러도 낚싯대를 잡는 척을 해 주어서 아기를 꺄르르 웃게 해 주었지요.

▲ 아기와 낚시 놀이 해 주는 짹콩이

▲ 양육 중 수난을 당하는 짹콩이 (본인이 굳이 들어간 상황)   ▲ 아기를 재워 주는 간장이

결혼하고 임신하면 아기를 동물과 함께 키우면 안 된다는 속설이 널리 퍼져 있습니다. 고양이를 키우면 아이가 생기지 않는다는 괴담부터 동물 털이 폐에 쌓여 죽었다는 연예인의 근거 없는 소문까지 소환됩니다. 아이가 고양이에게 장난을 치다가 고양이가 할퀸다거나 전염병이 옮는다는 비교적 납득할 만한 우려도 있습니다.

임신한 집사라면 누구나 산부인과에서 '톡소플라즈마'에 대한 경고를 들어보셨을 거예요. '톡소플라즈마 곤디'라는 원충성 기생충은 몇 단계의 숙주를 거쳐서 생활하는데, 고양이과 동물의 장내에서만 번식이 가능한 단계로 변태할 수 있습니다. 이 기생충이 고양이의 몸 안으로 들어가려면 톡소플라즈마에 걸려 있는 쥐, 새, 돼지, 양의 생고기를 먹어야 합니다. 그리고 이 고양이의 분변을 만진 손으로 음식을 먹을 때 임산부의 체내로 들어가게 됩니다. 집 안에서 생활하는 고양이가 사료 공장에서 제조된 사료와 수돗물 또는 정수기 물을 먹으면서 지내고 있다면 감염의 가능성은 희박하다고 할 수 있겠습니다. 그럼에도 불구하고 주변의 걱정을 말릴 수 없다면, 고양이의 혈액으로 톡소플라즈마 감염에 대한 검사를 받아 볼 수 있으니, 임신 준비 기간에 미리 받아 두는 것이 좋습니다. 그리고 만에 하나를 대비해서 임신 기간 중 고양이 화장실은 남편이 치우는 것을 추천합니다. 임신 중에는 어차피 몸이 무거워 구부리고 앉아 있기도 어려울 테니 말이죠. 도시에서는 오히려 회충을 흔히 볼 수 있으므로, 고양이에게 구충제를 잘 챙겨 먹여 주시는 것이 임산부나 아이에게 더 도움이 되는 일입니다.

▲ 유하와 짹콩이

어려서부터 동물과 함께 자란 아이들이 알레르기 발생률이 낮다는 추적 연구 결과가 있습니다. 그런데 부모의 가계에 비염, 천식, 알레르기 유전자가 있다면, 어려서부터 동물에 노출되어도 알레르기를 피하지 못할 수 있으니 마음 푹 놓고 있을 수 없습니다.

지희 아이들이 그런 경우였는데, 알레르기성 천식으로 발전하게 되어서 고양이와 분리 생활이 필요한 상황이 되었습니다. 마침 개인 동물병원을 개원할 계획이었기 때문에, 허둥지둥 동물병원을 만들어 고양이들을 병원으로 옮겨 왔습니다. 아이들은 어려서부터 늘 같이 자라 왔던 고양이들과 떨어지게 되어 굉장히 속상해했지만, 아이들에게 1년 넘게 알레르기약을 먹이고 있던 아이 엄마를 이상하게 바라보는 소아과 선생님의 의심스러운 눈초리를 피할 수 있게 되어 저는 한숨 돌렸습니다. 출근해서 아이들과 떨어져 있는 낮 동안 고양이들과 찬찬히 시간을 보낼 수 있는 것도 좋았고요. 고양이가 지낼 수 있는 공간을 마련할 수 있는 직업이라는 게 그렇게 다행스러울 수가 없었습니다. 이미 오래 같이 살아온 고양이에게도 어린아이의 알레르기는 날벼락 같은 일입니다.

동물병원에서의 생활 중 단연코 최고의 말썽쟁이 왕은 '메주콩이'였습니다. 끈 씹는 것을 좋아해서 접수대 컴퓨터에 연결된 스피커 선을 물어뜯어 합선이 된 적도 있었습니다. 비닐의 바스락거리는 질감을 좋아해서 테이프나 스티커가 보이면 뜯어 먹지 않고는 참을 수 없는지, 돌아서면 뜯어 먹은 스티커를 토해 놓곤 했지요. 동물병원 접수대에는 메주콩이가 씹어 먹기 좋아하는 물건들이 항상 널려 있어서 관리하기가 정말 어려웠습니다. 사막 생활에서 곤충을 잡아먹었던 습성이 남아 있어서 고양이는 바스락거리는 감촉을 아주 좋아합니다.

　이물을 삼키기 좋아하는 고양이는 관리하기가 참 어렵습니다. 고무줄을 유난히 좋아하는 고양이도 있어서, 코로나 시대에는 마스크 끈을 끊어 먹고 병원에 오는 아이들이 많았습니다. 그래서 물어뜯기 방지제 제품이 있습니다. 아주 쓴 맛이 나는 용액으로 먹어도 건강에 영향을 주지는 않아요. 이 용액을 고양이 입에 뿌려서 쓴맛을 보게 한 후, 고양이가 물어뜯거나 씹으면 안 되는 물건에 뿌려서 씹는 것을 기피하도록 하는 용도로 사용합니다. 그런데 메주콩이처럼 쓴맛에 침을 흘리면서도 스티커를 씹고 있는 녀석도 있는 걸 보면, 효과가 100% 보장되는 제품은 아닌 것 같습니다.

▲ 동물병원 고양이 간장이

▲ 동물병원 고양이 메주콩이

▲ 군대 내무반 같다고 유명했던 사진

Chapter 5

장년기
7살~10살까지

01. 장년기
02. 장년기에 자주 보이는 질환 및 대처법
03. 장년기 고양이를 위한 건강검진

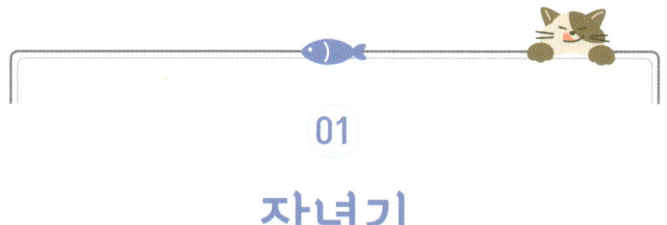

01
장년기

지금까지 별다른 건강상의 문제 없이 잘 지내왔던 우리 고양이에게 질병이 찾아오기 쉬운 시기가 되었습니다. 고양이의 장년기에 가장 중요한 것은 건강관리입니다.

🐾 각종 성인병 및 질환에 대비해야 하는 시기

장년기 고양이의 질환을 나타내는 증상은 대부분이 식욕 저하, 체중 변화, 음수량의 변화, 구토, 설사입니다. 이 중 동물병원 진료실에서 제일 많이 듣는 증상이 구토입니다. 그래서 수의사가 듣는 가장 흔하고도 난감한 질문이 "우리 고양이가 토하는데 왜 그런 거예요?"입니다. 고양이의 거의 모든 질병에서 구토가 나타나기 때문입니다. 그다음으로 흔하고 어려운 요구가 "고양이가 토하니까 그냥 주사하고 약만 주면 안 되나요?"입니다. 고양이가 가볍게 배탈이 난 상태인지, 중대한 질병의 증상인지 그냥 척 보고는 알 수가 없기 때문이지요.

보호자가 집에서 고양이의 생활 루틴을 정확히 파악하고 달라진 점을 알아내어 수의사에게 전달하는 것이 매우 중요합니다. '수의사-고양이-보호자'의 삼각 연대가 견고하고 서로의 협조가 원활할 때 성공적으로 고양이의 건강을 관리할 수 있습니다.

좋은 수의사는 증상과 별 연관 없어 보이는 부분까지 꼬치꼬치 캐물을 거예요. 좋은 보호자는 이런 질문에 귀찮아하지 않고 꼼꼼하게 체크한 정보들을 제공합니다. 좋은 고양이(?)는 심하게 흥분하거나 반항하지 않고 검사와 치료에 응해 주어야 합니다. 이런 요소들이 합쳐져서 좋은 치료 결과를 가져오게 됩니다. '고양이를 데려가면 전문가가 아픈 곳도 다 알아내 주고 다 낫게 해 주겠지.' 하는 안일한 마음으로 동물병원에 가면 안 됩니다. 정확한 진단의 과정에는 보호자가 제공하는 정보가 필수적입니다.

동물병원에 가기 전에 고양이의 식욕, 활동량, 음수량과 식사량의 변화, 배뇨 및 배변 상태를 파악해야 합니다. 특히, 구토 또는 소변이나 대변의 형태에 이상이 있다면 사진을 찍거나 비닐 봉투에 담아서 가지고 갑니다. 집에서 보이는 행동의 이상, 걸음걸이나 울음소리의 이상은 동영상으로 촬영해 두는 것이 좋습니다. 동물병원에 가서는 이동장에 숨어서 이상한 점을 보여 주지 않기 때문입니다.

▶ **고양이 구토, 설사, 소변 이상 증상**

① 고양이 구토

▲ 사료가 약간 불어서 형태 그대로 나온 구토

▲ 거품 섞인 구토

▲ 헤어볼 구토

② 고양이 설사

▲ 점액 변

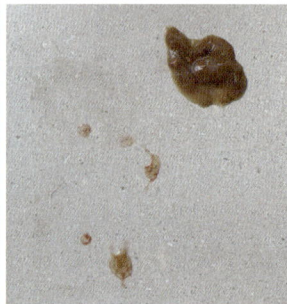
▲ 점액 섞인 혈변

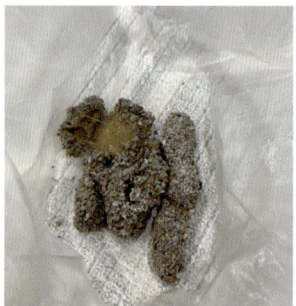
▲ 화장실 모래에서 볼 수 있는 설사변의 형태

③ 고양이 소변

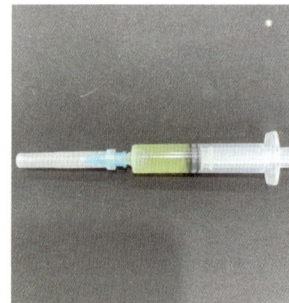
▲ 정상적인 소변색

▲ 방광염으로 인한 혈뇨

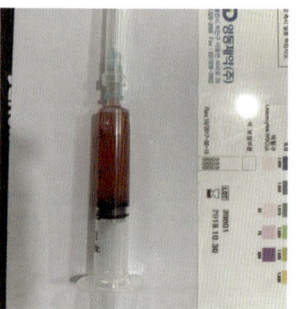
▲ 심한 혈뇨

02 장년기에 자주 보이는 질환 및 대처법

😺 신부전(신장병)

'신부전'이란 신장이 혈액 내에 생성된 노폐물을 여과해 주는 기능을 하지 못하는 상태를 말합니다. 신장이 하는 역할은 혈액에서 독소가 되는 노폐물을 내보내고, 몸에서 다시 활용해야 하는 전해질이나 단백질은 내보내지 않도록 잘 구별해서 걸러내는 일입니다. 내보내야 하는 물질은 체내에 쌓이고 내보내면 안 되는 물질은 새어 나가면서 여러 가지 임상 증상이 나타납니다. 신부전은 '급성 신부전'과 '만성 신부전'으로 나누어집니다.

•• 급성 신부전 ••

급성 신부전은 내외부 요인으로 인해 급격하게 신장의 기능이 떨어지는 질환입니다. 급성 신부전의 원인은 다음과 같습니다.

- 약물
- 급성 출혈

- 혈압 이상
- 심한 탈수
- 간질환
- 세균 감염
- 신장의 염증
- 신장결석
- 요도 폐색으로 인한 배뇨 곤란

급성 신부전에 걸리면 급격한 기운 저하, 구토, 설사, 식욕부진 같은 증상이 나타나기 때문에 보호자는 위염이나 장염 같은 배탈을 의심하기 쉽습니다. 상태가 눈에 띄게 나빠지므로 며칠 내 동물병원에 내원하게 됩니다. 요도 폐색으로 인한 경우라면 소변을 보지 못하는 증상이 같이 나타날 수 있습니다.

급성 신부전은 동물병원에 입원하여 집중 치료를 받아야 하며, 수액 요법, 전해질 교정, 항생제 치료, 대증요법 등이 필요합니다. 며칠 이내에 급성으로 발생하므로 빨리 치료하지 못하면 목숨을 잃을 수 있지만, 원인을 빨리 알아내어 치료하면 신장 기능이 거의 정상에 가깝게 회복되기도 합니다. 급성 신부전은 시간을 다투는 질병으로 빨리 치료에 들어갈수록 신장 기능도 더 많이 회복할 수 있습니다.

•• 만성 신부전 ••

급성 신부전이 신장이라는 공장의 갑작스러운 파업이라면, 만성 신부전은 서서히 공장의 기능이 떨어지는 질환으로 만성 신장병이라는 표현이 더 적절합니다. 몇 년에 걸쳐 서서히 진행되기 때문에 초기에 뚜렷한 증상이 없고, 고양이가 늙어가면서 나타나는 노화의 증상이라고 착각하기가 쉽습니다. 만성 신부전을 의심할 수 있는 증상은 다음과 같습니다.

- 서서히 수분의 섭취량이 줄어들다가 어느 시점부터 다시 수분 섭취량이 늘어난다.
- 식사량이 서서히 줄어들고 사료의 선택이 까다로워진다.
- 천천히 체중이 줄어들거나 변화가 없다.
- 활동성이 줄어든다.
- 모질이 나빠진다.
- 동거묘 사이에서 서열이 달라진다.
- 간격을 두고 가끔 토하는 일이 꾸준하게 있다.

어떤가요? 나이가 들어가는 고양이에게도 흔히 나타날 수 있는 증상들이죠? 보호자가 정확히 구별해 낼 수 있는 증상이 별로 없기 때문에 정기적인 검진이 무엇보다 중요한 질병이 바로 만성 신부전입니다. 만성 신부전이 계속 진행되어 말기가 되면 그때서야 급성 신부전과 같은 증상이 나타나게 되는데, 이때는 이미 신장 기능이 대부분 소실된 상태이므로 치료의 효과가 별로 없고, 생명의 연장을 위해 신장 투석을 받는 방법 외에는 다른 치료법이 없습니다.

만성 신부전은 초기에 발견하여 신장의 기능 손실을 최대한 막는 치료를 하며 관리를 꾸준히 하면 진행을 늦출 수 있습니다. 잘 관리하여 노령의 나이까지 살아가는 고양이들도 많습니다. 만성신부전의 진단을 위해서는 혈액검사를 받을 때 SDMA(Symmetric DiMethylArginine, 단백질 분해 과정에서 생성되는 노폐물) 검사와 같은 초기에 신장질환을 발견할 수 있는 검사를 추가해서 받는 것이 좋고, 주기적인 신장 초음파 검사로 신장 내부 구조와 신장 크기 이상을 모니터링하는 것이 필요합니다. 신장의 기능이 떨어지기 시작하면 여과 기능에 이상이 나타나면서 소변으로 단백질이 배출되기도 하므로 소변 검사도 정기적으로 하는 것이 좋습니다.

▶ **신부전의 예방**

나이 든 고양이의 사망 원인 중 가장 흔한 것이 신부전인 만큼 고양이가 물을 잘 마시고 적절하게 균형 잡힌 식단을 지키는 것이 무엇보다도 중요합니다. 특히 고양이의 물 취향은 각자 다르고 까다롭기 때문에 물의 온도, 물을 떠 놓은 시간, 물이 흐르는 형태, 물그릇의 크기와 재질, 물그릇과 밥그릇의 거리, 다른 동물과 물그릇을 공유하는지 등이 모두 영향을 줍니다. 그래서 다양한 시도를 계속하여 우리 고양이가 어떤 물을 가장 선호하는지 세심하게 체크해야 합니다. 고양이의 음수량을 늘리는 것에 너무 집중한 나머지 매일 주사기로 물을 강제 급여하는 것은 고양이의 삶의 질을 떨어뜨리게 되므로 추천해 드리지 않습니다.

고양이가 나이 들어감에 따라 몸에서 필요한 단백질과 인의 양도 줄어들게 됩니다. 그래서 사료나 간식의 선택도 어릴 때와는 달라져야 합니다. 나이가 들어서도 너무 고단백 식이를 하거나 인 함량이 너무 높은 간식을 많이 먹게 되면 신장에 부담을 주게 됩니다. 며칠 혹은 몇 주간 먹이는 것으로 신장에 바로 타격이 가지는 않지만, 일상적으로 계속 먹이게 되면 서서히 신장 기능에 영향을 줄 수 있다는 사실을 기억하세요.

췌장염

췌장염은 이름 그대로 췌장에 염증이 생긴 질병입니다. 췌장은 각종 소화 효소를 분비하는 장기로, 염증이 생기게 되면 췌장 효소가 새어 나와 췌장과 주변 장기를 손상시켜 염증이 퍼지고 심한 통증을 유발합니다.

▶ **췌장염의 증상**

고양이 췌장염의 증상은 식욕 저하, 구토, 구역질, 기력 저하, 복통 등으로 나타납니다. 강아지 췌장염과 달리 고양이 췌장염의 원인은 불분명합니다. 췌장염에 걸린 고양이는 비만인 경우가 많고, 고지방 식사가 영향을 주는 경향이 있습니다. 당뇨병이나 신장병이 있는 경우에도 잘 나타납니다.

▶ **췌장염의 진단과 치료**

고양이 췌장염은 혈액검사, 췌장 효소 측정, 초음파 검사 등으로 진단합니다. 단순 췌장염인 줄 알았는데 염증이 심하고 합병증으로 커져서 가까이 붙어 있는 장기인 간과 십이지장까지 염증이 들불처럼 번지는 '세동이염(Triaditis)'인 경우도 있습니다. 이 경우 치료가 까다롭고 고양이 상태가 위독해집니다. 급성 췌장염이 완전히 해결되지 않아 만성 췌장염으로 진행되기도 합니다. 나이 든 고양이에게 만성 췌장염은 흔한 질환이므로, 임상 증상이 나타나는 경우 가볍게 여기지 말고 진료를 받는 것이 좋습니다.

주요 치료 방법은 입원, 수액 처치, 항생제 처방, 적극적인 통증 관리, 식이요법, 충분한 영양 공급입니다. 고양이가 췌장염에 걸리면 식욕이 없어지므로 필요한 영양과 칼로리를 유동식을 급여하는 방식으로 코를 통한 영양줄 장착과 식도에 영양 튜브를 장착하는 방법이 있습니다. 보호자들이 두려워하는 치료 방법 중 하나가 바로 이 영양관 장착입니다. 콧구멍에 관을 집어넣거나 식도에 구멍이 뚫린다는 개념이 무시무시하게 느껴져 차라리 주사기를 이용한 강제 급여가 훨씬 낫다고 생각합니다. 그러나 이는 인간적인 생각이고, 고양이 입장에서는 강제 급여가 오히려 고문으로 느껴질 수 있으며 사료에 대한 거부감을 키우게 됩니다. 영양 공급은 췌장염 치료에서 매우 중요한 부분이니, 주치의와 상의하여 적극적으로 대처하세요.

당뇨병

당뇨병은 췌장에서 충분한 양의 인슐린이 생성되지 못하거나 세포가 인슐린 저항성을 가져서 인슐린이 작용하지 못하는 질병입니다. 혈당이 높아져서 다양한 증상을 보이게 되는데, 고양이에게 선천성 당뇨는 드물고 보통 비만과 과식으로 인한 2형 당뇨가 나타납니다.

▶ 당뇨병의 증상

음수량과 소변량이 늘어나고, 식욕 증가, 체중감소, 쇠약, 기력 저하, 보행 이상, 부석한 털과 같은 증상을 보입니다. 컨디션의 변화가 나타나더라도 식욕이 좋아서 보호자가 가볍게 여기고 넘어갈 때가 많습니다. 하지만 비정상적인 식욕 증가가 바로 이상 신호입니다.

▶ 당뇨병의 진단과 치료

고양이의 당뇨는 비만에서 시작되는 경우가 대부분이며, 식단에 탄수화물의 양이 많은 것도 영향을 줍니다. 당뇨병은 혈액검사 중 혈당 체크와 소변 검사로 진단합니다. 당뇨로 진단되면 인슐린 주사 치료를 합니다. 정상적인 상태에서는 혈중 당수치에 따라 적당량의 인슐린이 분비되어 조절되지만, 이 메커니즘이 고장 나는 것이 당뇨병입니다. 그러므로 엄격한 식단 관리가 필요하고, 매일 지정된 시간에 보호자가 인슐린 주사를 놔 주어야 합니다.

당뇨병은 관리하는 질환으로서 식이요법과 인슐린 치료로 정상적인 삶을 지속할 수 있습니다. 다만 매일 고양이의 생활을 엄격하게 관리해야 해서 보호자의 일상생활도 고달파질 수 있으니 미리미리 건강관리에 신경 써 줍시다. 고양이의 당뇨는 빨리 발견해서 잘 관리하면, 나아져서 더 이상 치료가 필요 없는 상태로 돌아가기도 합니다.

갑상선기능항진증

나이 든 고양이의 갑상선에서 갑상선 호르몬이 필요 이상으로 많이 만들어지는 질환이 나타날 수 있습니다. 갑상선 호르몬은 고양이 몸의 대사 속도, 심장 기능, 체온 조절 등에 중요한 역할을 하는데, 호르몬이 너무 많아지면 에너지가 지나치게 빨리 소모되는 등 다양한 증상이 나타날 수 있습니다.

▶ 갑상선기능항진증의 증상

식욕은 왕성한데 체중은 감소하거나, 물을 많이 마시고 소변량이 늘어납니다. 예전보다 더 활동적이고 예민해지고 심장 박동이 빨라지는 경우도 있습니다.

▶ 갑상선기능항진증의 진단과 치료

혈액검사로 갑상선 호르몬 수치를 검사해서 진단하며, 다른 장기에 영향을 미치므로 심장과 신장의 기능도 함께 평가합니다. 약물 치료를 우선적으로 선택하게 되는데, 갑상선 호르몬 조절제는 이후에도 중단 없이 계속 복용하게 됩니다. 그 외에 식이요법, 방사선치료, 갑상선 절제술 등의 치료법이 있으니, 고양이의 상태에 따라 주치의와 의논해야 합니다.

🐾 각종 종양

나이가 들어가면서 고양이에게 다양한 종양이 발생할 수 있습니다. 피부에서 눈으로 확인되거나 덩어리로 만져지는 경우도 있지만, 체내에 있어서 검사로만 확인되는 경우가 더 많습니다.

▶ 고양이에게 다량 발생하는 종양의 종류

- **림프종(Lymphoma)**: 고양이에게 가장 흔하게 발견되는 암으로, 고양이 백혈병 바이러스와 관련이 있는 경우도 있습니다.
- **편평세포암종(Squamous Cell Carcinoma, SCC)**: 피부나 구강 내에 발생하는 암으로, 진행 속도가 빠릅니다.
- **비만세포종(Mast Cell Tumors)**: 얼굴과 목 주변에 작은 혹 형태로 나타나는 종양으로, 고양이에게 양성인 경우가 많지만 종종 악성으로 나타나기도 합니다.
- **섬유육종암(Fibrosarcomas)**: 섬유 연결 조직에서 발생하는 악성 종양으로, 몸의 다양한 부위에서 덩어리 형태로 나타납니다.
- **폐종양(Lung Tumors)**: 폐에 나타나는 종양으로, 폐에서 일차적으로 발생하기보다는 다른 암에 전이되어 나타나는 경우가 흔합니다.
- **뇌종양(Brain Tumors)**: 뇌에 나타나는 종양으로, 발작, 실명, 균형 감각 상실, 자세 조절 능력 상실, 행동 양상의 변화 등 신경 관련 증상이 나타납니다.

- **비강내종양(Nasal Tumors)**: 코 안쪽에 생기는 종양으로, 호흡곤란, 심한 재채기, 코피 등의 증상으로 발견됩니다.
- **간종양(Liver Tumors)**: 간에 나타나는 종양으로, 다른 장기의 암이 전이되어 나타날 때가 많습니다.
- **지방종(Lipomas)**: 지방 덩어리 종양으로, 대개 큰 문제를 일으키지 않습니다. 발생 부위에 따라 일상생활에 불편을 주는 부위라면 제거 수술을 합니다.

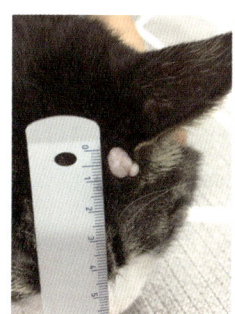 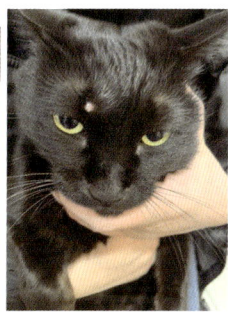 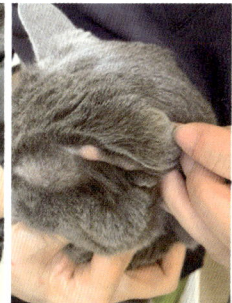

▲ 피부 종양

▶ 종양의 증상

나이가 든 상년 고양이가 별다른 이유 없이 체중이 감소되면 수의사는 일단 종양을 떠올리게 됩니다. 주요 증상은 식욕 저하, 체중감소, 호흡곤란, 기운 없음, 몸에서 만져지는 덩어리 등입니다.

▶ 종양의 진단과 치료

종양은 신체검사, 혈액검사, 방사선 검사, 초음파 검사, 생체검사, CT, MRI로 진단합니다. 종양의 치료는 수술, 항암요법, 방사선 치료 중에서 종양의 종류와 위치에 따라 선택합니다. 치료 과정은 결코 쉽지 않으니, 주치의와 충분히 상담하여 결정합니다. 치료가 어려운 경우 증상과 통증을 완화하는 치료를 받으면서 남은 시간 고양이 삶의 질이 떨어지지 않도록 관리해 주세요.

03
장년기 고양이를 위한 건강검진

　7살이 넘은 고양이는 1년 단위로 건강검진을 합니다. 말이 통하지 않는 반려동물의 건강관리에 있어서 건강검진이 필수라는 건 이미 많은 보호자들이 알고 있는 것 같습니다. 그중에서도 고양이는 본능적으로 자신의 통증을 숨기는 특성을 가지고 있어서 더욱 질병의 발견이 어려울 수밖에 없지요. 특히 고양이에게 7살은 노령으로 접어드는 전환기이므로 이 시기의 건강검진은 놓치지 말아야 합니다. 고양이는 사람에 비해 대사 속도가 4배 정도 빠르기 때문에, 고양이의 1년은 사람의 4년과 비슷합니다. 이것이 1년마다 하는 건강검진도 결코 자주 한다고 말할 수 없는 이유입니다.

　고양이가 9~10세 이상이 되면 발생할 수 있는 노령성 질환의 종류도 더 늘어나게 되므로 건강검진도 6개월에 1번은 해 주는 것이 좋습니다. 고양이의 나이와 특성에 따라 검진의 항목은 조금씩 달라질 수 있지만, 필수적인 항목은 대개 비슷합니다. 각각의 항목에 대해 자세히 알아보겠습니다.

🐾 건강검진 필수 항목

•• 문진 ••

건강검진에 들어가기 전, 사람 가족의 구성과 수, 동물 가족의 구성과 수, 사료의 종류, 사료 급여 방식, 동거하는 동물과의 관계 등 반려묘의 기본적인 생활에 대해 파악하게 됩니다. 반려묘의 생활 환경은 검사 결과의 해석에 중요한 자료가 됩니다.

•• 신체검사 ••

신체검사는 눈으로 살펴볼 수 있는 모든 신체 부분을 검진하는 과정입니다. 기본적인 바이탈 사인(체온, 심박수, 호흡수 등), 외이도의 상태, 결막과 눈의 상태, 치아 건강 상태, 비만 정도, 피부와 모질 상태, 항문 주변과 생식기의 상태 등 집에서 살펴보기 힘든 부분까지 꼼꼼히 체크하게 됩니다. 매일 보는 반려묘이지만, 보호자로서 놓칠 수 있는 이상 징후를 전문가의 시선으로 살펴보게 되는 과정입니다.

•• 혈액 생화학 검사 ••

건강검진의 가장 기본이 되는 검사로, '혈청 생화학 검사'라고 부르기도 합니다. 체내의 장기들에서 수행하는 각종 대사활동의 부산물들과 필요한 효소들에 대한 검사로서, 현재 장기의 상태를 말해 줍니다. 혈액 생화학 검사는 8~24종 정도로 종류가 다양합니다. 당연히 그 종류가 많을수록 우리가 얻을 수 있는 정보의 양도 많아집니다. 보통 나이에 따라 종류를 더 늘려가게 되는데, 7살이라면 15~17종 이상을 보는 것을 추천합니다.

혈액 생화학 검사의 각 항목은 한 가지 이상의 장기와 연관되어 있습니다. 예를 들어, 'ALKP(Alkaline phosphatase)'라는 항목은 간, 뼈, 신장 등의 이상 증상에서 상승할 수 있으므로 ALKP 수치 하나만 가지고는 어떤 문제가 있는지 정확히 알 수 없습니다. 그래서 관련해서 움직일 수 있는 몇 가지 다른 항목들의 수치와 함께 결과를 해석하게 됩니다. 여러 항목이 유기적으로 연결되어 있기 때문에 검사 항목이 많을수록 더 정확한 결과가 나오게 되는 것입니다.

일반적으로 혈액 생화학 검사를 통해 우리가 알 수 있는 것은 간과 신장의 현재 상태, 혈당과 체내 단백질의 양, 소화 효소, 영양 상태, 전해질의 균형 등입니다. 이 검사에서 이상이 발견되면 그 부분과 관련된 정밀 검사를 하게 됩니다.

•• 혈구 검사 ••

적혈구, 백혈구, 혈소판과 같은 혈액 세포의 수와 비율을 보는 검사입니다. 빈혈과 염증 상태, 탈수 여부, 감염 등의 상태를 알 수 있습니다.

•• 소변 검사 ••

방광염의 유무, 신장의 이상, 당뇨, 소변의 농축 정도를 알 수 있는 검사입니다. 간단한 키트나 스틱을 이용한 간편 검사도 있고, 소변 내 대사물질을 검사하는 복잡한 검사도 있습니다. 건강검진 시에는 간편 검사로 진행하는 경우가 대부분이고, 이상이 발견되면 정밀 검사가 추가됩니다.

•• 방사선 검사 ••

흔히 말하는 엑스레이 촬영입니다. 필요한 장기를 부위별로 촬영하게 됩니다. '흉부 방사선 촬영'은 가슴 부위를 촬영하여 기관지, 심장, 폐의 이상을 살펴보고, '복부 방사선 촬영'은 배 부위의 소화기와 간, 신장, 방광의 이상을 살펴봅니다. 고양이의 품종이나 나이에 따라 관절의 상태를 체크하는 골격계 방사선 촬영이 필요하기도 합니다.

•• 초음파 검사 ••

초음파를 이용하여 장기 내부의 움직임과 구조를 좀 더 면밀하게 살펴보는 검사입니다. 혈액검사만으로는 정확히 알 수 없는 장기의 상태를 읽어낼 수 있습니다. 초음파 검사가 혈액검사보다 더 정확하다는 뜻은 아니고, 서로 보완하는 검사인 셈입니다. 초음파 검사는 장기별로 진행하게 되고, 복강 내의 장기를 보는 '복부 초음파 검사'와 심장의 상태를 보는 '심장 초음파 검사'로 분류됩니다.

•• 특수 혈액검사 ••

고양이는 신장 질환이 자주 발생하는 특성이 있어서 신장 초기 검사(예: SDMA검사)를 같이 진행하는 것이 추천됩니다. 혈액 생화학 검사에서 신장 관련 수치의 이상이 발견되었다면 이것은 이미 신장병이 많이 진행된 상태일 수 있습니다. 신장 기능이 떨어지기 전 좀 더 일찍 발견할 수 있는 검사를 추가해서 보는 것이 좋습니다.

심장의 이상을 알 수 있는 심근 호르몬 검사(proBNP)도 고양이에게 추천되는 검진 항목입니다. 심장이 부담을 많이 받는지 알 수 있는 스크리닝 검사이므로, 검사상 이상이 발견되면 정밀 검사를 빨리 진행할 수 있습니다. 참고로, 스크리닝 검사는 결과만으로 정확한 질병이 판별되는 것은 아니지만, 장기의 이상 신호를 빨리 감지해내는 검사를 뜻합니다.

•• 갑상선 호르몬 검사 ••

갑상선 기능이 비정상적으로 항진되었는지 알아보는 검사입니다. 혈액을 이용해 호르몬의 농도 검사를 진행합니다. 일반적으로 9세 이상의 노령묘에게 추천되지만, 선천적으로 호르몬 이상이 의심되는 경우에 어린 고양이에게 진행하기도 합니다.

건강검진은 아직 건강상의 이상이 발견되기 전의 건강 상태를 알아보기 위한 검사이므로 항목이 고정되어 있는 것은 아닙니다. 나이가 더 들어감에 따라 각 검사에서 항목이 늘어나게 됩니다. 반려묘들은 각각의 환경과 살아온 이력이 다르므로, 문진 시에 알아낸 사항에 따라 필요한 검사를 추가할 수 있습니다.

수의사의 에세이

장년기 고양이

　수의사 집사도 본인 반려묘의 만성 질환을 빨리 알아채기 어렵습니다. 병원에서 매일 같이 아픈 동물들을 치료하고 하루 종일 남의 집 아이의 히스토리를 듣다 보면, 정작 내 고양이는 밥을 먹었는지 안 먹었는지 식욕 변화를 놓치게 되기 쉽습니다. 고양이는 조용히 아픈 동물입니다. 강아지처럼 깨발랄한 성격이 아니다 보니 활동성이 떨어지는 것을 알기 어렵습니다. 동물병원에서 치료해야 하는 거의 모든 만성 질환의 증상이 식욕 저하와 구토입니다. 이유 없이 토하고 입맛 없어 해서 동물병원에 데려왔는데 비용이 많이 드는 검사를 권유받아 당황하시는 경우가 많습니다. 젊다고 해서 방심할 수는 없지만, 특히 장년기에 접어든 고양이라면 식욕 저하와 구토를 가볍게 넘길 수가 없는 것이 수의사의 입장입니다.

　할머니의 고양이가 되어 본가에서 지내고 있던 '까망이'는 췌장염에서 세동이염으로 발전되어 치료 중에 무지개다리를 건너갔습니다. 구토가 한동안 지속되었지만 식욕을 유지하고 있었기 때문에 저에게 굳이 연락을 하지 않으셨다고 합니다.

　우리는 흔히 '밥을 잘 먹으면 괜찮은가 보다'라고 생각하곤 하지만, 동물에 있어서는 그건 위험한 생각인 것 같습니다. 대사성 질환들은 이상 식욕을 보이기 때문에 더 그렇습니다. 고양이의 당뇨병은 수의학 교과서에도 생명이 위독해져서야 발견되는 경우가 많다고 나와 있을 정도입니다. 까망이는 11살에 무지개다리를 건넜으니 그리 빨리 죽었다고 할 수는 없겠지만, 질병을 늦게 알아차렸다는 자책은 오랫동안 남아 있었습니다.

　보호자들은 흔히 수의사네 고양이를 '다이아몬드 병원 수저'라고 부르시던데, 과연 맞는 걸까 하는 의구심이 듭니다. 암 전문 의사가 가족의 암을 늦게 알아채는 경우가 종종 있듯이, 수의사네 동물들도 그런 것 같거든요. 저희들이 진료실 안에서 긴장하고 집중하고 있을 때는 수의사지만, 평소에 항상 질병에 관한 레이더를 돌리고 있지는 않아서 여차하면 진단이 늦을 수 있습니다. 그러니 자주 건강검진을 해 보는 것이 최선입니다.

사람과 고양이에게 모두 둥글둥글 잘 대하고 떼쓰는 일이 없어 이름을 '둥글이'로 붙여 주었는데, 그래서인지 아픈 티도 안 났습니다. 건강검진에서 '혈당이 약간 높구나. 사료 조절을 해 줘야겠다.' 하고 생각했는데, 갑자기 쓰러진 둥글이의 진단명은 '당뇨성 케톤증'이었습니다. 고양이의 당뇨성 케톤증은 응급 중증 케이스로, 인력이 많은 동물병원에서 공격적인 치료가 요구되고, 그럼에도 살리지 못하는 경우가 많습니다. 나이 든 고양이의 체중 조절과 건강검진은 그 중요성을 아무리 강조해도 모자람이 없습니다.

세심하게 관찰한다고 하는데도 짐작하기가 어렵습니다. 간장이는 12살이 되었을 때 신장 기능이 떨어지면서 신부전이 왔습니다. 지나고 나서 보니까, '아, 이때 입가가 쳐지고 뭔가 호소하는 표정이 뚜렷하네…' 싶기도 했습니다. 하지만 솔직히 말씀드리면 그때로 다시 돌아가도 표정만으로 눈치채지는 못했을 것 같습니다. 동물병원 직원들이 종종 검사를 어느 정도 선에서, 얼마 만에 하는 것이 가장 유용하냐고 사석에서 묻습니다. 거기에는 'OO원짜리 검사를 X개월마다 한 번씩'이라는 가성비 최고의 답변이 나오기 어렵습니다. 다만, 나이가 있는 고양이에게 애매한 증상이 있을 때 '얼마 전에 검사했을 때 이상 없었으니까 아직 괜찮겠지…'라는 생각은 위험한 것 같습니다. 제 자신이 몇 번 겪어 봐서 잘 알아요.

▲ 평소 간장이의 얼굴

▲ 토실하던 간장이

▲ 신부전이 시작되고 있었을 시점의 간장이 얼굴

나이 든 고양이의 질환에서 제일 어려운 점은 2가지 이상의 질환을 동시에 치료해야 하는 경우가 많다는 것입니다. 몸속 장기들은 서로 협업하기 때문에 만성 질환을 앓게 되면 연관된 다른 장기에도 질환이 나타납니다. 이 2~3가지 질환은 시소를 타듯이 움직여서 서로의 치료를 방해합니다. 여기에 완벽한 솔루션은 없고, 그때그때의 중요한 상황에 맞춰 대응하거나 다른 질환이 나빠질 것을 각오하고서라도 삶의 질을 유지하는 쪽으로 치료 방향을 정하기도 합니다.

이런 결정들을 내려야 할 때 정답은 없고 최선만이 존재하기 때문에, 제일 중요한 것은 보호자와 수의사 간의 신뢰입니다. 임상수의사들 사이에는 "절대 하면 안 되는 방식은 있지만, 반드시 이렇게 해야만 한다는 방식은 없다."라는 말이 있습니다. 의학과 과학은 아직도 알아내지 못한 것이 너무나 많고, 질병을 치료할 때 교과서 공식대로 되지 않는 경우도 너무나 많습니다. 똑같은 약을 쓰고 똑같은 방식으로 치료해도 동물들의 반응은 다 다릅니다. 이 약이 어제 온 고양이에게는 잘 들었는데, 오늘 온 고양이에게는 부작용만 나타나기도 합니다. 이런 불확실성은 비전문가의 이해를 바라기도 어렵습니다. 수의사도 딱 맞는 치료 방법을 짠- 하고 제시해서 고양이가 금방 좋아지기를 바라고, 고양이 보호자의 칭찬과 감사를 받고 싶습니다. "선생님 덕분에 좋아졌어요. 선생님이 명의세요!"라는 칭찬은 모든 수의사에게 견딜 수 없는 도파민이니까요. 수의사들의 술자리에서는 "내가 저번에 왔던 XX 케이스를 기가 막히게 해결했다."라는 무용담이 빠지지 않지요.

보호자로서의 저 역시도 제 고양이가 아플 때는 감정에 심하게 흔들리기 때문에 냉정한 판단을 내리기가 어려워서 상황 판단과 진료 방향을 잡을 때 다른 수의사 선생님과 상의합니다. 이런 재난 같은 순간을 동일한 목적을 가지고 헤쳐 나가는 데에 서로 의지할 수 있는 건 수의사, 보호자, 고양이 이렇게 셋뿐인 것 같아요. 보호자 여러분께서는 힘든 순간을 같이 헤쳐 나갈 믿음직한 주치의를 반드시 찾아내시길 바랍니다. 그것이 고양이의 질병 관리에서 최선의 결과를 얻는 방법입니다.

Chapter 6

노년기
10살부터~

01. 노년기
02. 노년기에 신경 써야 하는 변화 및 관리

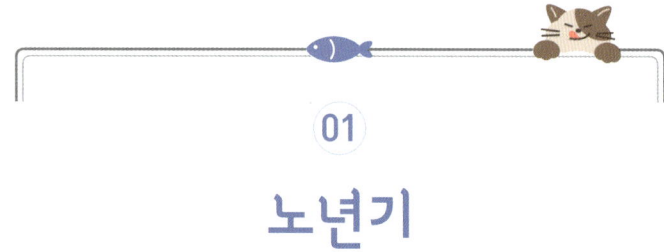

01
노년기

　요즘에는 18살 이상 사는 고양이들도 종종 볼 수 있지만, 일반적으로는 13~15살 정도를 실내 고양이의 평균 수명으로 생각할 수 있습니다. 10살이 넘어서면 우리 고양이들에게 노령성 변화가 뚜렷하게 나타나기 시작합니다. 특별한 질병이 없는 고양이라도 노화 증상은 피해 갈 수 없습니다. 노년기 고양이에게는 청각, 미각, 시각과 같은 감각의 둔화가 나타나고, 퇴행성 관절염이 생기는 것이 특징입니다. 고양이는 스스로 몸단장을 잘하는 동물이지만, 나이가 들수록 관리가 잘되지 않는 모습을 보이기도 합니다.

🐾 노년기 고양이가 보이는 행동의 변화

- 보호자가 외출에서 돌아오는 소리를 듣지 못하고 잠들어 있다.
- 예전에 쉽게 올라가던 높이의 의자나 침대에 뛸까 말까 망설이다 올라간다.
- 사료나 간식의 선호도가 달라진다.
- 그루밍을 잘 못해서 털이 부석하다.

- 발톱에 가피(일정 기간마다 벗겨져 나가는 낡은 피부 껍질)가 벗겨지지 않아 두꺼워진다.
- 눈곱이 많이 낀다.
- 귀에서 갈색 분비물이 보인다.
- 보호자 옆에서 떨어지지 않으려고 한다.
- 동거묘와 서열이 바뀌거나 관계에 변화가 생긴다.
- 화장실에서 배설물을 잘 덮지 않는다.
- 이전보다 우는 횟수가 늘어난다.

이러한 노년기 고양이의 변화들은 보호자보다도 고양이 자신이 더 뚜렷하게 느낄 것입니다. 신체 능력이 떨어진 고양이는 불편감과 함께 불안이 상승해서, 뚜렷한 이유 없이 또는 보호자가 해결해 주기를 바라면서 보호자를 쳐다보며 우는 일이 잦아질 수 있습니다. 보호자는 노년기 고양이의 변화에 맞추어 생활 환경을 조절해 줄 필요가 있습니다.

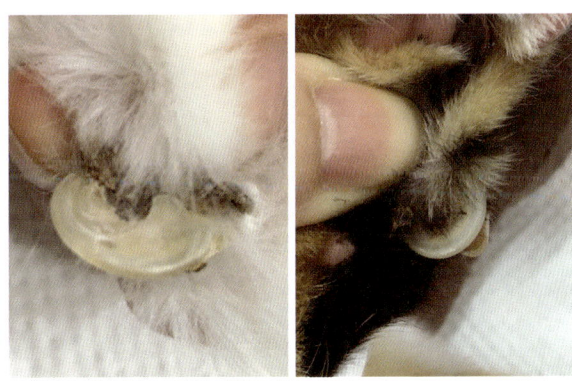

▲ 노년기 고양이의 늙은 발톱

02
노년기에 신경 써야 하는 변화 및 관리

🐾 노년기 고양이를 위해 바꿔 주어야 할 것

- 고양이가 좋아하는 의자나 침대에 올라가기 쉽도록 동물용 스텝을 준비해 줍니다. 작은 밥상을 놓아 주어도 좋습니다.
- 창밖 구경은 나이 든 고양이도 여전히 좋아하는 활동이므로 창가 자리로 접근하기 쉽도록 가구를 조정해 주세요.
- 고양이가 좋아하는 방석에 쿠션을 하나 더 넣어서 이전보다 훨씬 푹신하게 만들어 줍니다. 노년기 고양이는 퇴행성 관절염 때문에 누워 있을 때 만성통증이 있을 수 있습니다. 쿠션이나 방석은 고양이의 몸에 감싸 줄 수 있도록 높이가 좀 있는 것을 추천합니다.
- 고양이 화장실 출입구를 이전보다 더 낮게 해 주는 것이 좋습니다. 필요하다면 출입구 문턱을 갈아 내거나 높이가 낮은 화장실로 바꾸어 줍니다.
- 잠자리나 물그릇 옆에 작은 수면 등을 켜 놓습니다.
- 고양이의 몸을 자주 살펴보고 세수나 귀 청소, 발톱 정리를 해 줍니다.

- 뛰어오르고 내리는 동선은 관절에 무리가 될 수 있기에 최소화해 주지만, 일상생활에서 움직임이 너무 적어지지는 않도록 신경 써야 합니다. 사료를 소량씩 여러 군데에 나누어 두어서 움직이면서 먹도록 할 수 있습니다.
- 다른 고양이들이 노년기 고양이의 생활을 방해하지 않는지 살펴봐야 합니다. 특히 사료 그릇이나 물그릇으로 접근할 때 눈치를 보지 않는지 체크해 주세요.
- 나이 든 고양이가 가장 의지하는 존재는 보호자이므로 가급적 시간을 같이 보내 주세요.

노년기 고양이에게 중요한 건강관리

노년기는 장년기 고양이에게 나타날 수 있는 신장병과 종양의 위험도가 더 높아지며, 노환으로 인한 심장병, 갑상선 질환, 노령성 질환이 추가적으로 나타나는 시기입니다. 평상시의 활동성 자체가 떨어지므로 질병의 발견은 더 어려워집니다. 건강검진을 받는 간격을 6개월로 조정하는 것이 좋으며, 노년기 고양이용 건강검진 프로그램을 선택해야 합니다.

체중 변화는 건강 체크의 지표가 되므로 일주일에 2번씩 체중을 잽니다. 동물용 체중계를 사용하는 것도 좋고, 사람 체중계에 고양이를 안고 올라가서 재는 방식도 좋습니다. 가정에서 잰 수치와 병원 체중계 간에는 수치 오차가 있을 수 있습니다. 집에서 꾸준히 체중을 측정해서 변화되는 양상을 파악해 두어야 합니다.

보호자는 2~3일에 한 번씩 고양이를 핸들링하면서 통증을 느끼는 부위가 있는지, 덩어리가 만져지는지 체크하세요. 고양이가 깨어 있을 때 호흡수는 정확하지 않기 때문에 자고 있을 때 1분당 호흡수를 세어 보아야 합니다. 고양이가 편안하게 잠이 들었을 때, 약간 떨어진 거리에서 호흡을 관찰하며 세어 봅니다. 배가 올라갔다 내려오는 것이 1번

이며, 1분당 20~30회가 정상입니다.

    고양이가 몸의 변화에 따른 불안감, 다른 고양이들과의 서열 변화에 의한 스트레스, 노령성 인지장애 등으로 심리적인 괴로움과 두려움을 느낄 때 그냥 넘어가지 마세요. 주치의와 상의하고 항불안제, 인지 치료제, 항산화제 등을 처방받아 사용하면 고양이의 삶의 질을 높일 수 있습니다. 고양이가 늙어서 어쩔 수 없다고 포기하지 말고 적극적으로 불편감을 해결해 주어야 합니다.

 **수의사의 에세이**

노년기 고양이

계산을 해 보니 우리 집 고양이의 평균 수명은 13.2살이었습니다. 그간 저의 수의사로서의 실력이 좀 나아진 탓인지, 고양이 보필 경험이 쌓인 덕인지, '메주콩이'가 올해 18살이 되었습니다. 일찍 생을 마감한 형제들 몫만큼 살려는 듯, 몇 달 전 진행했던 건강검진 성적도 아주 훌륭했습니다.

나이가 든 메주콩이를 제일 괴롭히는 것은 퇴행성 관절염입니다. 약간 다리를 절면서 느리게 걷고, 책상 정도 높이에는 바로 뛰어오르지 못합니다. 그래도 높은 곳에 올라가고 싶어 하기 때문에 캣폴의 단수를 조절하고, 테이블 옆에는 발판으로 쓸 푹신한 동글의자를 두었습니다. 시간이 좀 더 지나면 동글의자에 올라갈 낮은 욕실 의자를 하나 더 두어야 할지 모르겠습니다. 화장실에 들어갈 때도 다리가 아플 수 있으니 입구에 낮은 발판을 하나 더 놓아 주었습니다.

이전에는 군기 잡던 오빠 고양이인 메주콩이가 이제는 힘이 빠져서 동생 고양이들에게 은근 밀리곤 합니다. 사료 먹을 시간이 되면 얼핏 점잖게 기다리는 것처럼 보이지만, 아무래도 젊은 고양이들 사이에 당당하게 끼지 못하는 것 같습니다. 사료 그릇을 멀리 옮겨 주고 곁에 있어 주면 바로 사료를 먹거든요.

메주콩이는 여전히 수직 스크래처를 좋아합니다. 하지만 발톱을 꼼꼼하게 갈지는 못하는 것 같아요. 특히 엄지발톱이 많이 두꺼워졌습니다. 낡은 발톱 가피가 벗겨져야 하는데 갈지를 못해서 두꺼워진 발톱은 동그랗게 말려 피부를 파고들기 때문에 잘 살펴보고 깎아 주고 가피를 벗겨 주어야 합니다. 꿈을 꾸는지, 가위눌리는 것처럼 잠꼬대를 해서 흔들어 깨워야 할 때가 잦아졌습니다. 제가 문을 열고 들어가도 아주 늦게 마중을 나옵니다. 제가 작업을 할 때 책 위에 떡하니 앉아 방해하기 일쑤였는데, 어느 순간부터는 무릎 위에 앉아 있고, 그마저도 불편해서 계속 자세를 바꾸는 모습을 보였습니다. 관절염으로 통증도 있고, 나이가 들면서 근육량이 줄어들어 딱딱한 자리가 배기는가 봅니다. 책상 옆에 두께가 10cm는 족히 되는 두툼한 도넛 방석을 놔 주었더니, 아주 만족해했습니다. 집사

옆에서 구경도 할 수 있고, 푹신하게 턱을 받칠 수도 있으니까요. 날씨가 꽤 따뜻해졌는데도 전기장판 위에서 내려오지 않아서, 초여름까지 전기장판을 켜 놓았습니다. 24시간 계속 켜 놓으면 전선 합선이 일어날까 봐 걱정되어서 타이머 콘센트를 연결해 4시간마다 꺼졌다 다시 켜지게 세팅해 놓았습니다.

메주콩이는 이제 낚시 놀이를 하기는 힘들어합니다. 하지만 낮게 매달린 장난감을 톡톡 치며 관심을 보이고, 비닐 테이프를 여전히 좋아해서 어느 틈에 뜯어 먹었는지 토해 놓은 흔적을 남겨 놓곤 합니다.

먼지와 모래 냄새 때문에 몇 년간 두부 모래를 사용했는데, 최근에 마음에 드는 모래를 발견해서 다시 벤토나이트 모래로 바꿔 주었더니, 메주콩이가 너무 행복해했습니다. 화장실에서 큰 소리로 부르길래 '배뇨통이 있나?' 하고 달려가 보니, 화장실 모래에서 온몸 뒹굴기를 보여 주었습니다. 그러고는 저를 쳐다보면서 "내가 좋아하는 게 바로 이런 모래야"라는 듯이 울었습니다. 메주콩이야, 그동안 사용한 두부 모래가 마음에 안 들었구나. 진작 말을 하지 그랬어? 오래 참아 주셔서 고맙소이다.

▲ 젊은 메주콩이

▲ 높은 곳을 좋아하던 메주콩이

▲ 푹신한 방석이 좋은 늙은 메주콩이

'간장이'는 방금 뜬 깨끗한 물을 좋아해서 떠 놓고 30분만 지나도 그 물은 안 마셨습니다. 정수기도 별로 좋아하지 않았고요. 어느 시점부터는 약간 독특한 억양으로 물그릇 앞에 앉아서 울었습니다. 평소에 저는 부르는 소리와는 약간 다른 소리여서, 바로 물그릇을 갈아 주었지요. 나중에는 물그릇 앞에서 울지 않더라도, 그 소리로 울면 "물 달라."는 말을 알아듣고 새 물을 떠서 가져다줄 수 있게 됐습니다.

고양이도 나이가 들어가면서 집사에게 자신이 원하는 바를 전달하는 법을 터득하게 되는 것 같습니다. 아니면 집사가 머리가 나빠서 고양이의 가르침을 이해하는 데 시간이 오래 걸리는 건지도 모르겠네요. 분명히 '이렇게 말귀를 못 알아듣는 인간은 더 이상 가르칠 수가 없다!' 생각하고 포기한 고양이들도 있었을 거예요.

이별 준비하기

01 이별 준비하기

고양이가 나이가 많아서 또는 아직 나이가 많지 않더라도 질병이 너무 진행되어서 묘생 말기에 도달했다면, 고양이를 잘 떠나보낼 준비를 시작해야 합니다. 고양이의 수명은 인간보다 짧아서 보호자는 살아 있는 동안에 이르든 늦든 고양이와의 이별을 피할 수 없습니다.

사람은 죽음과 사후에 대해 사유하고 죽음이 다가오는 것을 인지하지만, 동물에게는 죽음에 대한 정확한 개념이 없다고 합니다. 묘생 말기가 되면 고양이는 자신의 상태가 심상치 않음을 인지하고 두려움을 느끼지만, 무슨 사태가 다가오는지 정확히 모르므로 자기를 공격할 적이 어디선가 나타날 것이라 생각한다고 합니다. 그래서 어둡고 좁은 공간으로 들어가 숨으려고 하고, 집을 나가는 경우도 있습니다. 그럴 때 보호자 옆에서 머무르려고 한다면 고양이에게는 보호자 옆이 가장 안전하고 신뢰할 수 있다고 생각하는 것이겠지요. 이 시기에 가장 중요한 것은 고양이가 삶의 질을 유지할 수 있도록 하는 것입니다.

🐾 이별을 위한 준비

•• 특정 질병을 앓고 있다면 ••

만성 심부전, 만성 신부전, 당뇨 합병증, 대사성 질환, 악성 종양으로 상당 기간 투병해 왔다면, 결국 질병의 마지막 단계(End stage)를 마주하게 됩니다. 치료가 더 이상 효과를 내지 못해 장기가 더 이상 기능하지 못하게 되는 것입니다. 이 시기의 고양이는 의학적 처치로도 생명을 유지할 수 없고 상당한 통증에 시달리고 있습니다.

공격적인 치료는 추천되지 않으며, 증상을 경감시켜 삶의 질을 유지하고 통증 관리를 적극적으로 하는 보존적 치료(Palliative care, 호스피스)에 들어갑니다. 발작이나 경련 같은 신경 증상이 반복되거나 통증이 극심한 경우에는 안락사를 고려합니다.

•• 나이가 많은 고양이라면 ••

노령묘가 될 때까지 질병에 걸리지 않았던 고양이도 묘생 말기가 되면, 장기의 기능이 떨어져서 장기 부전이 발생합니다. 생명체는 체내 모든 장기가 똑같이 10점 만점의 기능 강도를 가지고 있지 않습니다. 그중에는 6~8점 정도의 기능 강도를 가진 장기가 있기 마련이고, 노령이 되면 제일 약한 상기에 문제가 생깁니다. 아무런 질병 징후 없이 조용히 죽는 고양이들도 있지만, 대개는 쇠약해지고 사료나 물을 삼키지 못하는 마지막 단계를 겪게 됩니다. 이런 경우는 안락사를 고려하지 않고 조용히 마지막을 준비하는 것을 추천합니다.

▶ 고양이의 삶의 질 척도 평가표

점수	평가 지표
1~10	**고통(HURT)** 통증이 잘 조절되고 있나요? 고양이가 편안하게 숨을 쉴 수 있나요? 산소 치료가 필요한가요?
1~10	**배고픔(HUNGER)** 고양이가 충분히 먹고 있나요? 손으로 먹여 주면 도움이 되나요? 위관(급식용 튜브)이 필요한가요?
1~10	**수분 섭취(HYDRATION)** 고양이가 탈수 상태가 아닌가요? 물이나 수분이 많은 음식을 먹고 있나요? 그렇지 않다면, 피하 수액을 하루 1~2회 주입해 주고 있나요?
1~10	**위생(HYGIENE)** 고양이가 깨끗하게 유지되고 있나요? 특히 입안에 암이 있는 경우 위생이 중요한데, 털은 빗질되고 배설 후 몸이 더럽혀지지 않도록 관리되고 있나요?
1~10	**행복(HAPPINESS)** 고양이가 기쁨이나 흥미를 표현하나요? 가족이나 장난감 등 주변 환경에 반응하나요? 쓰다듬을 때 가르랑거리는 등 긍정적인 반응을 보이나요? 우울하거나 외롭거나 불안하거나 무서워하나요? 고양이의 침대가 가족 활동이 있는 곳에 가까이 배치되어 외롭지 않게 하고 있나요?
1~10	**이동성(MOBILITY)** 고양이가 스스로 움직일 수 있나요? 발작이나 비틀거림이 있나요? 일부 보호자는 큰 수술보다는 안락사를 택하지만, 고양이는 회복력이 강합니다. 이동성이 제한되더라도 가족이 헌신적인 돌봄을 제공한다면 삶의 질을 유지할 수 있습니다.
1~10	**좋은 날이 더 많은가(MORE GOOD DAYS THAN BAD DAYS)** 나쁜 날보다 좋은 날이 더 많나요? 나쁜 날이 많아지고 있다면, 고양이의 삶의 질이 너무 떨어졌을 수 있습니다. 반응하지 않는 고통이 지속될 경우, 보호자는 고양이를 보호하기 위해 마지막 결정을 내려야 할 수도 있습니다. 집에서 평화롭고 고통 없이 죽음을 맞는 것도 괜찮습니다.

평가 방법
- 각 항목을 0점(매우 나쁨)부터 10점(매우 좋음)까지 평가합니다.
- 총점이 35점 이상이면, 양호한 삶의 질로 간주됩니다.
- 총점이 지속적으로 35점 미만일 경우, 수의사와 상의하여 완화치료나 안락사에 대해 논의하는 것이 필요할 수 있습니다.

🐾 반려묘의 장례 절차

•• 반려묘가 무지개다리를 건너갔다면…. ••

고양이가 옆으로 누워 아무런 반응이 없으면 사망한 상태인지 확인합니다. 티슈를 코 앞에 대서 호흡이 있는지 확인하고, 왼쪽 겨드랑이와 가슴 부분을 쥐어서 심장 박동이 느껴지는지 확인합니다. 동물병원에 데려가서 수의사에게 확인을 받기도 합니다. 반려묘가 무지개다리를 건너간 것이 확실해지면 고양이의 장례를 준비합니다.

고양이가 죽으면, 근육이 풀어지면서 괄약근 기능도 없어져서 입과 코, 항문을 통해 체액이나 배설물이 흘러나오므로, 배변용 패드를 아래에 깔아 주세요. 고양이가 죽은 지 1시간 정도 지나면 사후 강직 상태가 시작되어 몸이 뻣뻣하게 굳어지고, 12~24시간이 지나면 강직이 풀려서 다시 부드러워집니다. 사후 강직이 시작되기 전에 입 밖으로 늘어진 혀를 입안으로 잘 넣어 주고, 눈꺼풀을 부드럽게 마사지해서 눈을 감겨 주세요.

동물이 죽었다고 바로 부패가 진행되는 것은 아니어서 보호자가 마음의 준비를 하고 고양이와 마지막 인사를 할 시간 여유가 있습니다(24~72시간). 날씨가 너무 더운 시기라면 고양이를 눕힌 패드 아래에 아이스 팩을 깔아 주세요.

보호자가 선택한 반려동물 장례식장에 연락해서 화장 예약을 하고 시간에 맞춰 장례식장으로 이동합니다. 교통수단이 마땅치 않은 경우를 위해 장례식장에서 픽업 차량을 운영하고 있으므로 필요하다면 같이 예약하시면 됩니다. 장례식장에 도착하면 고양이 사체를 깨끗하게 닦고 수습하는 염 과정이 있고, 화장 시에 사용할 관, 수의 등의 물품을 선택합니다. 화장이 끝나면 분골하여 소형 도자기 항아리에 담아 줍니다. 화장에서 분골까지 2시간 정도 소요됩니다. 일반적으로 유골함을 받아와서 묻어 주는데, 묻어 줄 장소가 없을 때는 장례식장 측과 의논하여 납골당에 두거나 산골합니다.

유골 가루를 스톤으로 만들어 간직하는 방식도 있어서 보호자가 본인에게 가장 적합한 방식을 선택하면 됩니다.

Key Point

미리 준비해야 할 물품들
강아지용 배변 패드(대형), 아이스팩, 사체를 담을 상자, 체액이나 분비물을 닦을 수건, 사체를 덮어 줄 담요(보호자의 옷도 무방)

🐾 다묘 가정에서 남은 고양이들을 위해 해야 할 일

우리는 종종 고양이가 인간처럼 생각하고 행동할 거라고 착각합니다. 오랫동안 같이 살아온 고양이가 아프면 걱정하면서 옆에서 핥아 주고 챙겨 줄 거라고 기대하지만, 아픈 고양이 곁에 있는 다른 고양이는 스트레스를 받으며 가급적 곁에 머무르지 않으려고 합니다. 이는 고양이의 생존 본능에서 나오는 행동으로, 인간의 관점으로 보고 서운하게 생각하거나 비난해서는 안 됩니다.

▲ 아픈 짹콩이 옆에 있어 주는 메주콩이. 실제로 이런 경우는 매우 드물다.

고양이에게 가장 중요한 대상은 보호자여서, 동거묘의 질병으로 인한 보호자의 슬픔이나 스트레스에 영향을 많이 받습니다. 드문 경우이긴 하지만, 첫째 고양이가 죽고 보호자의 슬픔이 너무 깊어 둘째 고양이를 돌봐 주지 못해 둘째 고양이가 병이 들거나 급사하는 경우가 있었습니다.

보호자는 감정을 잘 조절하며 고양이들을 대해야 하고, 사냥 놀이 같은 고양이들의 일상이 이전과 같이 유지되도록 해 주어야 합니다. 떠난 고양이가 쓰던 물건들을 바로 치워 버리지 마세요. 남아 있는 아이들도 좋아하던 물건일 수 있고, 한동안은 생활 환경에 급격한 변화를 주지 않는 것이 좋습니다.

펫로스 증후군

🐾 펫로스 증후군이란?

펫로스 증후군(Pet Loss Syndrome)은 반려동물을 잃은 후에 경험하는 심리적, 정서적 고통과 관련된 일련의 증상들을 의미합니다. 강한 유대감을 가지고 있던 반려동물과의 이별로 인해 슬픔, 우울, 무기력, 불안, 죄책감 등의 감정을 겪는 것입니다. 일부 경우에는 일상생활에 어려움을 줄 수 있어서 장기화될 경우 전문가의 도움을 받는 것이 좋습니다.

🐾 펫로스 증후군 극복하기

반려동물을 잃는 슬픔은 가족을 잃는 것과 같은 깊은 상실감을 줄 수 있습니다. 특히 반려동물은 전적으로 보호자에게 의지하며 감정적으로 깊이 연결된 존재이자 삶의 일부로서 무조건적인 사랑을 주는 존재이기 때문이에요. 펫로스 증후군의 극복에 있어 가장 어려운 부분이 그 슬픔의 크기를 무시당한다는 점입니다. 주위에서 "그냥 동물이잖아.",

"다른 고양이를 또 데려오면 되지.", "사람도 아닌데 유난스럽게 군다." 등의 말을 쉽게 건넵니다. 그래서 보호자는 슬픔을 표현하기 꺼려 하고 본인의 고통을 무시하려고 합니다. 하지만 해결되지 않은 슬픔은 마음속에 계속 남아 있게 됩니다.

•• 반려동물을 잃은 슬픔, 어떻게 극복할 수 있을까? ••

1. 슬픔을 받아들이세요. 애도는 자연스러운 과정입니다. 마음껏 슬퍼하고 울어도 괜찮습니다. 감정을 억누르지 말고 표현하세요. 글을 쓰거나, 고양이의 초상화를 그리거나, 사진을 보며 추억을 되새기는 것도 좋아요. "나는 너무 유약한가?"라고 생각하지 마세요. 정상적인 반응입니다.

2. 추모의 공간을 만드는 것도 좋습니다. 액자, 소형 제단, 기념 상자를 만들고 반려동물의 사진, 목줄, 장난감, 털, 발자국 등을 보관하거나 전시합니다. 추모 편지를 쓰거나 일기를 적는 것도 정서적으로 도움이 됩니다. 어떤 보호자들은 추모 나무를 심거나 기부를 통해 의미를 이어가기도 해요.

3. 나를 이해해 줄 수 있는 누군가와 슬픔을 나누세요. 반려동물을 사랑하는 사람들과 소통하거나 동물 관련 커뮤니티나 상담사에게 이야기하는 것도 좋고, '펫로스 그룹 모임'이나 '반려동물 추모 카페'에 참가해도 좋습니다. 가족이나 친구와 얘기하는 것도 좋은데, 가까운 사람들이 펫로스에 대해 이해도가 낮은 경우 그들을 이해시키려 애쓰지 마세요. 보호자인 내가 너무 힘들면 비판적인 말이나 섣부른 충고가 오히려 상처가 된다는 점을 설명하세요.

4. 의식적인 '작별 의식(Farewell ritual)'이 필요합니다. 장례식이 필요한 이유가 이것인데 소규모의 작별 인사도 정서적으로 큰 도움이 됩니다.

5. 자책하지 않고 충분히 시간을 가지는 것이 중요합니다. "내가 더 잘했으면…", "그날 병원에 더 빨리 데려갔더라면…"이라고 자책하기 쉬운데, 결과만 놓고 후회하지 마세요. 슬픔이 클수록 후회도 커지지만, 최선을 다해도 항상 좋은 결과를 얻는 것은 아니라는 사실을 반복해서 되뇌도록 하세요.

수의사의 에세이

고양이와의 이별

　고양이와의 이별은 몇 번을 겪어도 쉬워지지 않습니다. 그 따뜻하고 부드러운 몸에서 생명이 빠져나가는 느낌은 뭐라 말하기 어려운 서늘한 감각입니다. 저는 직업적으로 많은 고양이의 죽음을 보게 되지만 도무지 덤덤해지지 않습니다. 초보 수의사 시절에는 아이들이 죽을 때 눈물을 참느라 원장 선생님에게 전문가답게 행동하라고 야단맞기도 했었어요. 경력이 오래되어 왕수의사가 된 지금은 어떤가 하면, 혼낼 사람이 없기 때문에 눈치 보지 않고 울고 있습니다. 다만 옛날처럼 마구 흐느끼지는 않고 이제는 눈물을 좀 흘리는 정도라고 할까요. 고양이의 말기 상태를 보면 '어느 정도 지점을 지나고 있구나.' 하고 짐작을 할 수 있습니다. 나이와 건강 상태를 고려해서 가급적 무리 없이 편안하게 지나가는 데에 최대한 집중합니다.

　제가 사랑했던 많은 고양이 중에서 '간장이'는 유독 특별했습니다. 저는 제가 고양이를 보호해야 하고 고양이의 삶을 처음부터 끝까지 행복하게 유지되도록 지켜 주어야 한다고 생각하는 편이어서, 고양이가 제일 편안한 건 어떤 것일까를 늘 우선순위에 두어 왔어요. 그래서 내가 '까망이'를 보내기 싫더라도 까망이가 가고 싶어 하면 본가로 보내는 게 맞다고 생각했고, 무조건 수명 연장에만 매달리는 것보다는 고통이 없고 편안한 일상을 유지하도록 했었습니다.

　그런데 간장이는 아주 점잖으면서도 다정한 태도 때문인지, 아니면 자신이 원하는 바를 전달하는 의사소통 능력 때문인지, 이상하게도 제가 마음을 의지하게 만드는 고양이였어요. 간장이가 신부전으로 3년을 투병하고 말기가 되었어도, 도무지 포기할 수가 없었어요. 연명치료를 계속하는 게 간장이에게 오히려 힘든 일일 수도 있었지만, 더 이상 보이지도 않는 혈관을 잡으면서 '나를 위해서 며칠만 더 살아 주었으면' 하는 마음뿐이었던 것 같아요. 하지만 마지막 며칠 동안 간장이는 더 이상 먹거나 마시지 않고 조용히 누워 있었어요. 그러다 갑자기 일어나서 사료를 조금 먹고, 물도 듬뿍 마시고, 이 방 저 방 돌아다니더니, 고양이 방에서 자기가 제일 좋아하던 자리에 가서 맑은 눈을 하고는 앉아 있더군요. 동물들도 죽기 전 회광반조가 나타나곤 합니다. 그런데 저는 그때 냉정하게 판단하지 못하고 기뻐했어요. 이번 고비를 겨우 넘겼구나 하고. 하지만 그날 저녁에 간장이는 조용하게 무지개다리를 건너갔습니다.

▲ 간장이

▲ 뛰어오르지 못하는 간장이

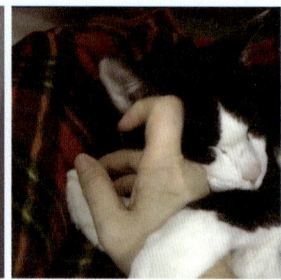
▲ 치료 중인 간장이

간장이가 떠난 후에, 동료 수의사가 저에게 "간장이 가는 길에 즐거운 놀이와 맛있는 간식이 있기를…."이라는 조사를 보내 주었는데, 시간이 오래 지난 지금도 그 문장은 항상 제 가슴속에 남아 있습니다. 또 다른 친한 원장님께선 간장이의 초상화를 그려서 보내 주시기도 하셨어요. 동물 전문 작가에게 의뢰해서, 간장이의 조각상도 만들어 왔습니다. 이런 행위들은 슬픔이 흘러 지나가도록 도와주었습니다.

▲ 간장이의 초상화

▲ 간장이의 조각상

진료실에서 많이 듣는 질문 중 하나가 "끝까지 포기하지 말아야 할까요? 아니면 너무 괴롭게 하지 말고 보내 주어야 할까요?"입니다. 아마도 수의사들의 가치관과 진료 스타일에 따라, 동물의 질병 상황에 따라 그 답은 다양하게 나올 것 같습니다. 조금만 더 치료해 보면 나아질 수도 있는 걸 포기한 건 아닐까? 어차피 나아질 수 없었던 걸 괜히 욕심

내서 치료하느라 괴롭게만 한 건 아닐까? 보호자들은 후회 없는 선택을 하기 위해 저에게 조언을 구하지만, 저 역시도 뾰족한 답변을 드리기 어려울 때가 많습니다. 병이 깊어지지 않았다면 보호자가 그런 고민을 하지도 않았을 테지요.

제가 확실하게 드릴 수 있는 말씀은 어떠한 선택을 해도 후회를 피해 갈 수는 없더라는 것입니다. 고양이를 아꼈던 만큼 아쉽고, 사랑했던 만큼 후회됩니다. 질병의 마지막 단계라고 해도, 생의 마지막을 죽어가는 것이 아니고 하루하루 살아가는 거라고 생각해야 합니다.

우리는 우리가 죽는다는 걸 쉽게 잊어버리는 것 같습니다. 고양이보다 좀 더 오래 살지만 우리는 모두 다 죽어요. '막연히 80~90살까지는 살겠지.' 하고 있지만, 사실은 언제 무슨 일이 생길지 알 수 없습니다. 우리 모두 죽게 된다는 사실이 내 고양이의 죽음 앞에서 이상하게 위로가 됐습니다. 내가 뭔가 잘못해서 영원히 살 수 있는 고양이를 죽게 만든 건 아니라는 생각 때문일까요?

다쳤거나 아픈 길고양이를 치료해 주시면서도, 자신이 그 아이를 입양해 올 수 있는 상황이 아니어서 치료를 하고 다시 길로 내보내는 게 무슨 의미가 있나 괴로워하는 보호자들이 있습니다. 그럴 때는 '그냥 오늘 나와 인연이 닿았으니 한 발 앞에 징검다리를 놔 주듯 이 하루를 건너가게 해 준다.' 하고 생각해 주셨으면 합니다. 내일은 다른 누군가가 또 다른 징검다리가 되어 줄 수도 있고, 모레는 또 다른 기회로 연결될 수도 있습니다. 아닐 수도 있고요. 우리의 생도 그렇지 않을까요?

어쨌든 오늘은 삶이 이어지고 있네요.
묘연으로 인해 지금 여러분의 곁에 있을 민감하고 따뜻한 생명체들.
햇볕의 냄새가 나는 따뜻한 몸. 마음을 안정시켜 주는 골골송….
지금, 고양이의 부드러운 털을 쓰다듬으며 행복을 듬뿍 느끼시길 바랍니다.

부록

전국의 반려묘 장묘업체 리스트

	취급업종	업체명	전화번호	소재지	홈페이지
1	화장	펫문	02-322-1004	서울특별시 마포구 성지5길	www.petmun.com
2	장례, 화장, 봉안	포포즈 반려동물 장례식장 세종점	1588-2888	세종특별자치시 부강면 시목부강로	www.fourpaws.co.kr
3	장례, 화장, 봉안	펫포유	1533-4426	세종특별자치시 장군면 금암리	www.petforyou.kr
4	장례, 화장, 봉안	아이별	051-727-4499	부산광역시 기장군 장안읍 기룡길	www.aistar.co.kr
5	장례, 화장, 봉안	㈜센트럴파크	051-728-5411	부산광역시 기장군 일광면 차양길	www.startice.co.kr
6	장례, 화장, 봉안	파트라슈	051-723-2201	부산광역시 기장군 장안읍 좌동리	www.mypatrasche.co.kr
7	장례	대구러브펫	053-593-4900	대구광역시 달서구 장동	www.dglovepet.kr
8	장례, 화장, 봉안	리틀포즈 반려동물 장례식장	054-382-0400	대구광역시 군위군 부계면 부흥로	-
9	장례, 화장, 봉안	㈜더 포에버	1544-4759	인천광역시 서구 설원로	www.theforever.net
10	화장, 봉안	㈜어게인	032-566-1936	인천광역시 서구 원당대로	-
11	장례	㈜하늘펫	062-946-2626	광주광역시 광산구 지죽동	-
12	장례, 화장	㈜젠틀펫	1577-3620	울산광역시 북구 진장동	-
13	장례, 화장, 봉안	이별공간	-	울산광역시 울주군 삼동면 조일리	-
14	화장	㈜펫콤	1833-5158	경기도 안산시 단원구 엠티브이1로	www.petcom.kr
15	장례, 화장	펫브릿지	1670-2818	경기도 안산시 단원구 산단로	www.petbrg.com

16	장례, 화장, 봉안	㈜펫바라기	031-976-3179	경기도 고양시 일산동구 설문동	www.petbaragi.com
17	장례, 화장	21그램 반려동물 장례식장 남양주점	1688-1240	경기도 남양주시 화도읍 수레로	www.21gram.co.kr
18	장례, 화장, 봉안	몽몽이엠파크	1811-1336	경기도 남양주시 화도읍 모꼬지로	www.mmempark.com
19	장례, 화장, 봉안	리멤버	080-200-5004	경기도 용인시 처인구 남사면	www.리멤버.net
20	장례, 화장, 봉안	씨엘로펫	1577-7332	경기도 용인시 처인구 죽양대로	www.cielopet.co.kr
21	장례, 화장, 봉안	㈜페어웰	031-941-3350	경기도 파주시 광탄면 수레길	www.farewell.kr
22	장례, 화장	㈜아리아펫	031-635-2266	경기도 이천시 마장면 장암리	-
23	장례, 화장, 봉안	안성펫문화원	-	경기도 안성시 죽산면 당목리	-
24	장례, 화장, 봉안	포포즈 반려동물 장례식장 경기 김포점	1588-2888	경기도 김포시 월곶면 애기봉로	www.fourpaws.co.kr
25	장례, 화장, 봉안	엔젤스톤	031-981-0271	경기도 김포시 하성면 양택리	www.angelstone.co.kr
26	장례, 화장, 봉안	아이드림펫	031-996-7444	경기도 김포시 하성면 하성로	www.idreampet.co.kr
27	장례, 화장, 봉안	㈜마스꼬따 휴	031-989-2444	경기도 김포시 통진읍 애기봉로	www.mascotahue.com
28	장례, 화장, 봉안	펫포레스트 김포점	1577-0996	경기도 김포시 통진읍 고정로	www.petforest.co.kr
29	장례, 화장, 봉안	ROYHILLS	1855-2004	경기도 양평군 양동면 양동금곡	www.royhills.co.kr
30	장례, 화장, 봉안	㈜포이리스	1899-6415	경기도 화성시 서신면 안버슬길	www.uripet.co.kr
31	장례, 화장, 봉안	스토리펫	031-353-5579	경기도 화성시 정남면 서봉로	www.스토리펫.com

32	장례, 화장, 봉안	포포즈 반려동물 장례식장 경기 화성점	1588-2888	경기도 화성시 팔탄면 독곡길	www.fourpaws.co.kr
33	장례, 화장, 봉안	펫오케스트라	1588-1289	경기도 화성시 비봉면 양노남길	www.petorchestra.co.kr
34	장례, 화장, 봉안	21그램 반려동물 장례식장	1688-1240	경기도 광주시 매자리길	www.21gram.co.kr
35	장례, 화장, 봉안	㈜해피엔딩	1899-5127	경기도 광주시 초월읍 지월리	www.wehappyending.com
36	장례, 화장, 봉안	백꽃사랑하이빛	—	경기도 광주시 곤지암읍 부항리	—
37	장례, 화장, 봉안	러브펫	031-796-4341	경기도 광주시 초월읍 지월리	www.러브펫.net
38	장례, 화장, 봉안	㈜펫포레스트	1577-0996	경기도 광주시 오포읍 문형리	www.petforest.co.kr
39	장례, 화장, 봉안	하늘강아지반려동물 장례식장	1577-4428	경기도 광주시 초월읍 선장동길	www.ansky4428.kr
40	장례, 화장, 봉안	포포즈 반려동물 장례식장 경기 광주점	1588-2888	경기도 광주시 초월읍 산수로	www.fourpaws.co.kr
41	장례, 화장, 봉안	포포즈 반려동물 장례식장 경기 양주점	1588-2888	경기도 양주시 광적면 부흥로	www.fourpaws.co.kr
42	화장	스타펫	1588-9344	경기도 포천시 내촌면 진금로	—
43	장례, 화장, 봉안	주식회사 패투헤븐	033-745-4211	강원도 원주시 소초면 현촌길	www.pettoheaven.co.kr
44	장례, 화장, 봉안	강릉 펫사랑	033-645-8888	강원도 강릉시 사천면 구라미길	—
45	장례, 화장, 봉안	굿바이펫	043-642-1537	충청북도 제천시 봉양읍 장평리	www.goodbyepet.co.kr
46	화장, 봉안	대전 스카이 펫	1588-4476	충청북도 옥천군 이원면 이원로	—

47	장례, 화장, 봉안	스마일 어게인	1544-9262	충청북도 영동군 추풍령면 작동1길	www.smileagain.net
48	장례, 화장, 봉안	우바스	1588-6326	충청북도 청주시 상당구 신송서원길	www.ubas.co.kr
49	장례, 화장, 봉안	러블리엔젤	1577-2518	충청북도 청주시 서원구 남이면	www.lovelyangel.co.kr
50	장례, 화장, 건조, 봉안	21그램 반려동물 장례식장 천안아산점	1688-1240	충청남도 천안시 동남구 광풍로	www.21gram.co.kr
51	장례, 화장	㈜좋은친구들	041-858-4411	충청남도 공주시 우성면 보흥2길	www.goodfriend2012.com
52	장례, 화장, 봉안	리멤버 파크	041-735-1700	충청남도 논산시 연산면 계백로	www.rememberpark.kr
53	장례, 화장, 봉안	위드엔젤	041-332-8787	충청남도 예산군 대술면 화산리	www.withangel.net
54	장례, 화장, 봉안	전주 반려동물 장례식장 아리움	063-223-7942	전라북도 전주시 완산구 콩쥐팥쥐로	www.arium.kr
55	장례	서래안 펫타운	-	전라북도 군산시 서래안1길	
56	장례, 화장, 봉안	펫바라기	063-625-3737	전라북도 남원시 보절면 신파리	www.petbaragi.com
57	장례, 화장, 봉안	전주 하늘	063-432-0600	전라북도 완주군 소양면 전진로	www.전주하늘반려동물장례식장.com
58	장례, 화장, 봉안	해피펫	063-242-2114	전라북도 완주군 이서면 팥죽이로	
59	장례, 화장, 봉안	오수 펫 추모 공원	063-643-0486	전라북도 임실군 오수면 춘향로	www.osupet.com
60	장례, 화장, 봉안	해늘마루	061-273-4000	전라남도 목포시 고하대로	www.haeneul.kr
61	장례, 화장, 봉안	㈜전남반려동물 장례식장 푸른솔	1566-7112	전라남도 여수시 율촌면 조화길	www.greenssol.com
62	장례, 화장, 봉안	순천 반려동물 장례식장 하늘별	061-741-0703	전라남도 순천시 별량면 송산길	www.하늘별반려동물장례식장.kr
63	장례, 화장, 봉안	㈜별다만	061-337-1230	전라남도 나주시 다도면 다도로	-

64	장례, 건조, 봉안	타임투반려동물 장례문화원	061-322-0122	전라남도 함평군 학교면 학교월봉길	www.timeto.co.kr
65	장례, 화장, 봉안	경북반려동물 장례식장	1522-0912	경상북도 김천시 봉산면 영남대로	www.gbpet.co.kr
66	장례, 화장, 건조, 봉안	㈜한별소울펫	1588-9749	경상북도 구미시 옥성면 이곡3길	-
67	장례, 화장, 봉안	㈜젠틀펫	1577-3620	경상북도 문경시 문경읍 문경대로	-
68	장례, 화장	㈜젠틀펫	1577-3620	경상북도 경산시 한의대로	-
69	장례, 화장, 봉안	아이들랜드	1522-6979	경상북도 경산시 와촌면 불굴사길	www.아이들랜드.com
70	장례, 화장, 봉안	하얀민들레	1599-1627	경상북도 청도군 화양읍 남성현로	www.youngheal.com
71	장례, 화장, 봉안	강아지 펫 헤븐	1899-6144	경상북도 성주군 선남면 오도리	-
72	장례, 화장, 봉안	스윗드림 펫	054-974-2220	경상북도 칠곡군 가산면 다부거문1길	www.sweetdreampet.com
73	장례, 화장, 봉안	한별 반려동물 장례식장	1644-9040	경상남도 창원시 진해구 진해대로	-
74	장례, 화장, 봉안	펫로스 케어	1522-2253	경상남도 김해시 상동면 묵방로	www.petlosscare.co.kr
75	장례, 화장, 봉안	아이헤븐	1577-5474	경상남도 김해시 생림면 봉림리	www.iheaven.kr
76	장례, 화장, 봉안	포포즈 반려동물 장례식장 부산점	1588-2888	경상남도 김해시 한림면 안하로	www.fourpaws.co.kr
77	화장, 장례, 봉안	별이되다	1566-9399	경상남도 김해시 생림면 나전로	www.becomestars.co.kr
78	장례, 화장, 봉안	㈜펫노블레스	055-374-4400	경상남도 양산시 상북면 공원로	www.petnoblesse.com
79	장례, 화장, 봉안	메리온	055-374-6503	경상남도 양산시 상북면 오룡길	www.merion.co.kr

80	장례, 화장, 봉안	한별 리멤버파크	1899-2610	경상남도 함안군 법수면 이목골로	-
81	장례, 화장, 봉안	하늘소풍	1566-4546	경상남도 고성군 회화면 봉오로	www.haneulsopoong.com

첫 만남부터 마지막 순간까지, 모두가 행복해지는 반려묘 육아서
수의사는 고양이를 이렇게 키운다

초 판 발 행 일	2025년 10월 30일
발 행 인	박영일
책 임 편 집	이해욱
저 자	이나영
편 집 진 행	황규빈
표 지 디 자 인	현수빈
내 지 디 자 인	김세연
발 행 처	시대인
공 급 처	(주)시대고시기획
출 판 등 록	제 10-1521호
주 소	서울시 마포구 큰우물로 75 [도화동 538 성지 B/D] 9F
전 화	1600-3600
홈 페 이 지	www.sdedu.co.kr

I S B N	979-11-383-9786-5 [13520]
정 가	19,000원

※이 책은 저작권법에 의해 보호를 받는 저작물이므로, 동영상 제작 및 무단전재와 복제, 상업적 이용을 금합니다.
※이 책의 전부 또는 일부 내용을 이용하려면 반드시 저작권자와 (주)시대고시기획·시대인의 동의를 받아야 합니다.
※잘못된 책은 구입하신 서점에서 바꾸어 드립니다.

시대인은 종합교육그룹 (주)시대고시기획·시대교육의 단행본 브랜드입니다.